Gruber I Neumann

TI-83 Plus / 84 Plus

von der Sek I
bis zum Abitur

Ausführliche Beispiele
und Übungsaufgaben

AF277741

Freiburger
Verlag

Gedruckt auf chlorfrei gebleichtem Papier
* Printed in Germany *

Notiz-Rand

Inhaltsverzeichnis

Notiz-Rand

Notiz-Rand

Wie arbeitest du mit diesem Buch?

Wenn du den TI-84 Plus C zum ersten Mal in der Hand hältst, ist es am besten, das Buch von vorne durchzuarbeiten, um den Rechner näher kennenzulernen. Wenn du das Gerät schon kennst und eine konkrete Fragestellung hast, kannst du jederzeit direkt im entsprechenden Kapitel nachlesen.

Tipp

Die wichtigsten Tipps sind deine eigenen! Deshalb besitzt dieses Heft einen Rand mit Platz für Notizen.

Zu Beginn jedes Kapitels wird kurz erläutert, worum es geht. Außerdem wird gezeigt, wo die entsprechenden Funktionen im GTR zu finden sind. Anhand eines Beispiels wird das Thema dann konkret behandelt.

Man lernt am besten durch Üben. Deswegen gibt es zu jedem Thema eine oder mehrere Übungsaufgaben. An diesen kannst du direkt anwenden, was du gerade gelesen hast. Die Lösungen zu den Übungsaufgaben befinden sich am Ende des jeweiligen Kapitels.

Einen neuen Taschenrechner nur durch ein Buch kennenzulernen, ist nicht einfach. Daher liegt diesem Buch eine CD bei, auf der sich Videos befinden, in denen die Benutzung des Taschenrechners noch einmal genau gezeigt wird. Die entsprechenden Stellen im Buch sind mit einem Kamerasymbol gekennzeichnet.

Wichtige Tipps werden durch dieses Symbol am Rand hervorgehoben.

Wir wünschen dir viel Spaß mit dem Gerät.

Robert Neumann und Helmut Gruber

1 Der Taschenrechner

Der Taschenrechner ist in verschiedene Bereiche unterteilt. Dies kannst du auch an den Farben der Tasten erkennen:

- Die weißen Zifferntasten
- Die Tasten mit den Grundrechenarten rechts am Rand.
- Die Tasten mit verschiedenen weiteren mathematischen Funktionen sind schwarz.
- Unterhalb des Bildschirms befinden sich verschiedene Funktionstasten
- Oben rechts befinden sich die Navigationstasten.
- Oben links befinden sich die blaue 2nd- und die grüne ALPHA-Taste.

Du schaltest den Rechner unten links mit [ON] an. Ausgeschaltet wird er mit der Tastenfolge [2nd] und [ON].

1.1 Erste Rechnungen

- Du kannst mit dem Taschenrechner genauso rechnen, wie du «auf Papier» rechnen würdest.

- Die Berechnungen werden mit der Taste [Enter] gestartet.

- Auch beim Rechnen mit dem Taschenrechner gilt «Punkt- vor Strichrechnung».

- Es gibt zwei Minuszeichen, das «Rechenminus» [−] und das Vorzeichenminus [(−)]. Das Rechenminus wird beim Rechnen innerhalb der Rechnung benutzt, das Vorzeichenminus, wenn eine negative Zahl eingegeben wird.
  (Wenn man am Anfang einer Rechnung das «Rechenminus» [−] verwendet, wird automatisch das Ergebnis der vorangegangenen Rechnung zum Weiterrechnen eingefügt.)

- Die Kommataste für Dezimalzahlen ist die Taste [.].

- Um die farbig geschriebenen Zeichen oder Befehle über den eigentlichen Tasten aufzurufen, musst du vorher die [2nd]- bzw. die [ALPHA]-Taste drücken. Im Heft ist dies so ausgedrückt: ^{2nd}[ENTRY] bedeutet, dass du zuerst [2nd] und dann [ENTER] drückst.

- Zahlen, die in den Rechner eingegeben werden, sind in diesem Heft – anders als die Rechenbefehle – ohne eckige Klammern geschrieben, damit es nicht zu unübersichtlich wird.

Notiz-Rand

Beispiele

Rechnung	Eingabe	Anzeige
$37 + 14$	37 [+] 14 [ENTER]	NORMAL FLOAT AUTO REAL RADIAN MP 37+14 51
$15 - 29$	15 [−] 29 [ENTER]	NORMAL FLOAT AUTO REAL RADIAN MP 15−29 -14
$-5 \cdot 12$	[(−)] 5 [×] 12 [ENTER]	NORMAL FLOAT AUTO REAL RADIAN MP -5*12 -60
$37 \cdot (-6)$	37 [×] [(] [(−)] 6 [)] [ENTER]	NORMAL FLOAT AUTO REAL RADIAN MP 37*(-6) -222

Übungen

Berechne:

a) $7 + 25 =$ b) $23 - 21 =$ c) $12 + 3 - 24 =$

d) $-5 + (-8) =$ e) $-7 \cdot 11 =$ f) $3 \cdot (-17) =$

1.2 Bearbeiten und Löschen der Eingaben

Der Taschenrechner besitzt zwei Löschtasten, die [DEL]-Taste und die [CLEAR]-Taste.

- Mit der [DEL]-Taste löschst du ein einzelnes Zeichen bei der Eingabe, z.B. wenn du dich vertippt hast. Dabei löscht diese Taste immer das Zeichen, auf dem sich der Cursor gerade befindet.

- Innerhalb der Eingabe kannst du dich mit den Pfeiltasten [▶] und [◀] bewegen.

- Mit der [CLEAR]-Taste löschst du die aktuelle Zeile. Drückst du die Taste ein zweites Mal, wird der ganze Bildschirm gelöscht.

- Mit ^{2nd}[ENTRY] wechselst du in die letzte Berechnung zurück. Es können auf diese Art die vorangegangenen Rechnungen aufgerufen werden.

- ^{2nd}[INS]: Wenn du eine Eingabe ändern willst, navigierst du zuerst mit den Pfeiltasten zum gewünschten Punkt. Gibst du nun ein neues Zeichen ein, wird das bisherige Zeichen überschrieben. Wenn du vorher ^{2nd}[INS] gedrückt hast, so wird die neue Eingabe eingefügt, ohne das nächste Zeichen zu überschreiben (insert = einfügen).

Beispiel

Es soll $11 \cdot 434$ berechnet werden. Nach der Rechnung merkst du, dass du dich vertippt hast, wie z.B. im Bildschirmfoto rechts.

Mit ^{2nd}[ENTRY] wechselst du wieder zur Eingabe zurück. Der Cursor blinkt nun ganz rechts neben der 435, du gehst also zuerst mit [◀] eins nach links und korrigierst die Eingabe, indem du die richtige Ziffer eingibst.

Mit [ENTER] bestätigst du die Eingabe. Nun stimmt die Rechnung.

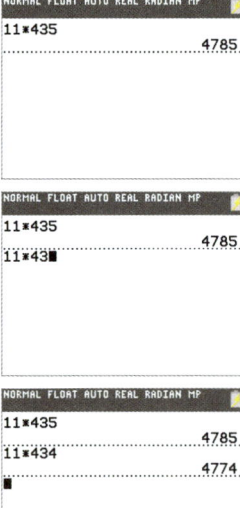

1.3 Mehrere Rechenschritte hintereinander

Oft will man mit dem Ergebnis einer Rechnung direkt weiterrechnen. Dafür gibt es eine spezielle Tastenkombination, die diesen sogenannten «Antwortspeicher» direkt einfügt. Dies ist die Tastenkombination ^{2nd}[ANS] (answer = Antwort).

Beispiel

Es soll zuerst $12 \cdot 23$ berechnet werden. Das Ergebnis soll notiert werden, anschließend soll von diesem Ergebnis 29 abgezogen werden.

Du gibst zuerst $12 \cdot 23$ ein und erhältst als Ergebnis 276. Nun drückst du ^{2nd}[ANS] und anschließend [−] 29 und erhältst 247.

```
NORMAL FLOAT AUTO REAL RADIAN MP
12*23
                              276
Ans-29
                              247
```

Das Gerät fügt Ans automatisch ein, wenn du nach der Anzeige des Ergebnisses die Taste einer Rechenoperation (z.B. [+] oder [−]) drückst. Es gibt aber auch Rechnungen, wie Wurzelziehen, bei denen man die [ANS]-Taste erst im Verlauf der Eingabe braucht.

Übungen

a) Berechne $134 \cdot 12$. Gib das Ergebnis an und teile es danach durch 8.

b) Berechne $122 \cdot 12 + 16$. Gib das Ergebnis an und teile zum Schluss durch 4. Gib das Endergebnis an.

c) Die Zahl 14 soll mit 7 multipliziert werden, anschließend werden 34 abgezogen und zum Schluss wird durch 16 geteilt. Gib alle Zwischenergebnisse und das Endergebnis an.

1.4 Das Schnelltastenmenü*

Der Rechner besitzt ein sogenanntes *Schnelltastenmenü*, mit dem du schnellen Zugriff auf wichtige Befehle hast. Dieses wird über die Funktionstasten ^{A}[F1] bis ^{A}[F5] aufgerufen. Dazu drückst du vorher die grüne Alpha-Taste und dann die entsprechende Funktionstaste.

Im Schnelltastenmenü ^{A}[F1] befinden sich die Bruchbefehle, in ^{A}[F2] Funktionsbefehle z.B. zum Ableiten und Integrieren, in ^{A}[F3] Matrixbefehle und mit ^{A}[F4] hat man Zugriff auf die Funktionen im Funktioneneditor, z.B. Y1.

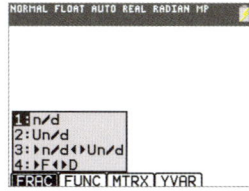

---

*Das Schnelltastenmenü ist nicht auf dem TI-83 Plus verfügbar.

Lösungen

1.1 Erste Rechnungen

a) $7 + 25 = 32$ b) $23 - 21 = 2$ c) $12 + 3 - 24 = -9$

d) $-5 + (-8) = -13$ e) $-7 \cdot 11 = -77$ f) $3 \cdot (-17) = -51$

1.3 Mehrere Rechenschritte hintereinander

a) Zuerst multiplizierst du 134 mit 12 und erhältst 1608.

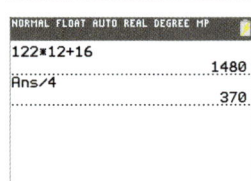

Du kannst nun direkt weiterrechnen, Ans wird automatisch eingefügt.

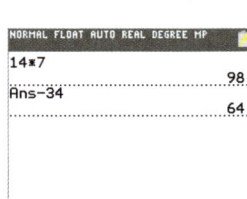

b) Zuerst führst du die angegebene Berechnung von $122 \cdot 12 + 16$ durch und erhältst 1480. Klammern brauchst du nicht setzen, da der GTR automatisch «Punkt vor Strich» rechnet. Auch hier kannst du direkt weiterrechnen, Ans wird automatisch eingefügt.

c) Zuerst führst du die angegebene Berechnung von $14 \cdot 7$ durch und erhältst 98.
Auch hier kannst du direkt weiterrechnen, Ans wird automatisch eingefügt. Du erhältst 64.

Nun muss du noch durch 16 teilen, Ans wird wieder automatisch eingefügt. Wie rechts abgebildet ist das Ergebnis 4.

Notiz-Rand

2 Weitere Rechnungen

Für einige der folgenden Rechnungen werden die blauen Beschriftungen über den Tasten benötigt. Diese gibst du ein, indem du vorher die $[2\text{nd}]$-Taste ganz links oben am Gerät drückst. Im Text steht das so: $^{2\text{nd}}[\sqrt{\ }]$. Dies bedeutet also, erst die $[2\text{nd}]$-Taste und dann die Taste $[x^2]$ zu drücken.

2.1 Eingabe und Umwandeln von Brüchen

Um einen Bruch einzugeben, mit dem du nicht mehr als Bruch weiterrechnen willst, benutzt du die $[\div]$-Taste. Ansonsten verwendest du das Schnelltastenmenü, mehr dazu auf der nächsten Seite. Die Brüche werden dann als Dezimalzahl dargestellt. Um eine Dezimalzahl in einen Bruch umzuwandeln, benutzt du den Befehl Frac, den du im *Mathematikmenü* findest. Dieses rufst du mit der Taste $[\text{MATH}]$ auf. (fraction = Bruch)

Beispiel

Es soll $\frac{5}{8} + \frac{2}{5}$ berechnet werden.
Die Zahlen werden mit Hilfe der $[\div]$-Taste eingegeben, das Ergebnis erscheint zunächst als Dezimalzahl.

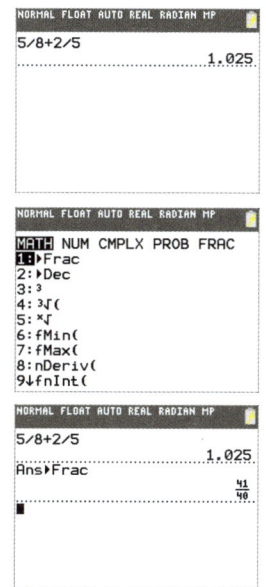

Um das Ergebnis in einen Bruch umzuwandeln, tippst du erst $[\text{MATH}]$ und gelangst so in das Mathematik-Menü. Der Menüpunkt Frac ist schon ausgewählt, also kannst du direkt $[\text{ENTER}]$ drücken, oder du wählst den Befehl mit der Taste 1 aus.

Nun wird auf dem Bildschirm durch ▶ symbolisiert, dass das letzte Ergebnis in einen Bruch umgewandelt werden soll. Dies muss aber noch mit $[\text{ENTER}]$ bestätigt werden.
Das Ergebnis ist also $\frac{41}{40}$.

- Um einen Bruch in eine Dezimalzahl umzuwandeln, benutzt du $[\text{MATH}] \rightarrow$ Dec.

- Wenn du das Mathematik-Menü verlassen willst, ohne einen Befehl aufzurufen, benutzt du dazu $^{2\text{nd}}[\text{QUIT}]$. Diese Taste hat die gleiche Funktion wie die Esc-Taste beim Computer.

Übungen

Löse die Aufgaben und gib das Ergebnis als Bruch an:

a) $\frac{1}{4} + \frac{1}{6} =$
b) $\frac{7}{3} - \frac{8}{4} =$
c) $\frac{1}{4} \cdot \frac{1}{6} =$

Notiz-Rand

2.2 Rechnen mit Brüchen*

Der Rechner besitzt ein sogenanntes Schnelltastenmenü, mit dem man einen direkten Zugriff auf die Bruchfunktionen hat. Die Befehle sind aber auch über [MATH] → Frac zugänglich.

Diese Eingabemethode ist dann sinnvoll, wenn es darum geht, die ganze Zeit mit Brüchen zu rechnen.

Beispiel

Es soll $\frac{5}{8} + \frac{2}{5}$ berechnet werden.

Mit ^{A}[F1] rufst du das Schnelltastenmenü auf.

Da du einen echten Bruch eingeben willst, drückst du [1] oder bestätigst mit [ENTER].

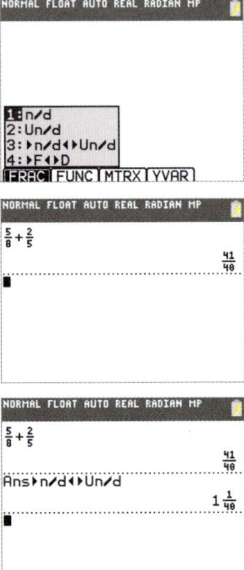

Nun kannst du den Zähler und den Nenner eingeben, dabei navigierst du mit den Pfeiltasten.

Den zweiten Bruch gibst du genauso ein und schließt die Rechnung mit [ENTER] ab.

Um einen unechten Bruch in einen gemischten Bruch umzuwandeln, benutzt du wieder ^{A}[F1], in diesem Fall den 3. Listenpunkt. Du wählst diesen Punkt aus und bestätigst. Nun erscheint die Eingabe wie rechts dargestellt. Du bestätigst ein weiteres Mal mit [ENTER], nun wird das Ergebnis als gemischter Bruch dargestellt.

Die vier Einträge im Schnelltastenmenü F1 haben folgende Funktionen

- n/d: Dies ist die Vorlage für die Eingabe eines Bruchs.

- Un/d: Dies ist die Vorlage für Eingabe eines gemischten Bruchs (auch manchmal «gemischte Zahl» genannt)

- ▶ n/d ◄► Un/d: Mit dieser Eingabe wird ein unechter Bruch in einen gemischten Bruch umgewandelt und umgekehrt.

- ▶ F ◄► D: Mit dieser Eingabe wird ein Bruch in eine Dezimalzahl umgewandelt und umgekehrt.

- Wenn du das Schnelltasten-Menü verlassen willst, ohne einen Befehl aufzurufen, benutzt du dazu ^{2nd} [QUIT]. Diese Taste hat die gleiche Funktion wie die Esc-Taste beim Computer.

- Wenn die Brüche nicht als Brüche angezeigt werden, sondern in der Form 5/8, musst du [MODE] zwischen den Einträgen «Mathprint» und «Classic» umschalten.

Übungen

Löse die Aufgaben über das Schnelltastenmenü, gib das Ergebnis auch als gemischten Bruch an, falls es sich um einen unechten Bruch handelt.

a) $\frac{1}{4} + \frac{1}{6} =$ b) $\frac{7}{3} - \frac{1}{4} =$ c) $\frac{1}{4} \cdot 1\frac{1}{6} =$

---

*Das Schnelltastenmenü ist beim TI-83 Plus nicht verfügbar.

2.3 Rechnen mit Klammern

Der Taschenrechner rechnet automatisch «Punkt- vor Strichrechnung».

Beispiele

Die Eingabe von $2 + 3 \cdot 10$ ergibt als Ergebnis 32.
Willst du statt dessen $(2 + 3) \cdot 10$ berechnen, gibst du die
Klammern so ein, wie sie in der Aufgabe stehen.

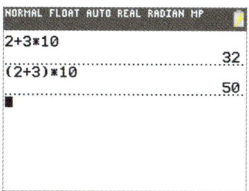

2.4 Der Variablenspeicher

Häufig benutzte Werte oder Ergebnisse lassen sich als Variablen speichern. Für die Eingabe der
Variablen brauchst du die grüne [ALPHA]-Taste. Eingaben, bei denen du zuerst diese Taste
drückst, sind im Heft so gedruckt: ^{A}[A] bedeutet, erst die grüne [ALPHA]-Taste und dann die
[MATH]-Taste zu drücken.

Um z.B. den Wert $\sqrt{2}$ als Variable A zu speichern, gibst
du ^{2nd}[√] [2] ein, verlässt die Wurzel mit [►], gibst
nun [STO ⇒] ^{A}[A] ein und bestätigst mit [ENTER].
Anschließend kannst du mit A rechnen, indem du ^{A}[A]
eingibst.

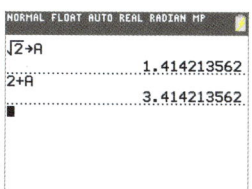

Um zu kontrollieren, welcher Wert einer Variablen zu-
gewiesen ist, tippst du einfach ^{A}[A] ein und schließt
mit [ENTER] ab.

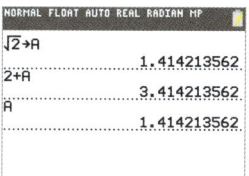

- Auch Ergebnisse aus Berechnungen können
  als Variablen gespeichert werden. Dazu reicht
  es, wenn du nach der Berechnung die Tasten
  [STO ⇒] ^{A}[A] drückst und mit [ENTER] bestätigst. (Ans wird automatisch eingefügt.)

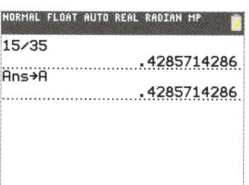

- Um Ergebnisse aus Berechnungen im Grafikfenster als Variablen zu speichern, musst du zuerst das Grafikfenster mit ^{2nd}[QUIT] verlassen. Dann kannst du das Ergebnis mit [STO ⇒]
  speichern.

- Es können alle Buchstaben mit Variablen belegt werden. Die Speichervariable B wird mit
  [STO ⇒] ^{A}[B] belegt usw.

Übungen

a) Speichere $3,5$ als Variable A. Berechne dann $3 \cdot A - 4,5 \cdot A$. Gib das Ergebnis als Bruch
   und als Dezimalzahl an.

b) Speichere $2,2$ als Variable A und $\frac{1}{4}$ als Variable B. Berechne dann $\frac{4A-3B}{B}$.

2.5 Potenzieren und Wurzelziehen

- Quadriert wird mit der Taste $[x^2]$. Für alle weiteren Potenzen gibst du zunächst die Basis ein, benutzt dann die Taste $[\char`\^]$ und gibst den Exponenten ein.

- Quadratwurzeln können mit den Tasten $^{2nd}[\sqrt{}]$ angegeben werden. Die dritte Wurzel kannst du mit dem Befehl $\sqrt[3]{(}$ im MATH-Menü berechnen.

- n-te Wurzeln werden mit dem Befehl $\sqrt[x]{(}$ im MATH-Menü berechnet. Um z.B. die fünfte Wurzel aus 20 zu ziehen, gibst du zuerst die 5 ein, dann den Wurzelbefehl und zum Schluss den Radikant (das ist die Zahl unter der Wurzel).

- Ähnlich wie bei «Punkt vor Strichrechnung» wird erst potenziert, bevor multipliziert wird, wie rechts dargestellt.

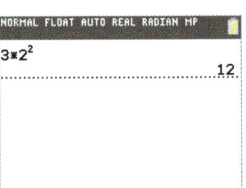

- Wenn du aus dem Ergebnis einer vorangegangenen Rechnung die Wurzel berechnen willst, benutzt du die $^{2nd}[ANS]$-Taste.
  Rechts wurde zuerst $32 \cdot 2$ berechnet und anschließend die Wurzel gezogen.

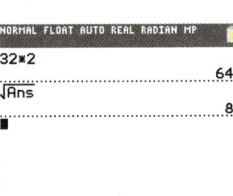

Übungen

a) Berechne:
   I) $3^2 =$ II) $2^5 =$ III) $2,5^2 =$

b) Berechne:
   I) $\frac{3^2}{2} =$ II) $\left(\frac{3}{4}\right)^2 =$ III) $(4 \cdot 13)^3 =$

c) Berechne die folgenden Wurzeln:
   I) $\sqrt{19} =$ II) $\sqrt[3]{15} =$ III) $\sqrt[4]{240} =$

d) Berechne $32,5 \cdot 17,12$. Gib das Ergebnis an und ziehe anschließend die Wurzel.

e) Berechne $\sqrt{289} + 4$.

f) Beschreibe kurz mit eigenen Worten, warum sich bei der Berechnung von $2 \cdot 4^2$ und $(2 \cdot 4)^2$ die Ergebnisse unterscheiden.

Notiz-Rand

2.6 Simulation von Zufallszahlen

Mit dem Taschenrechner kannst du Zufallszahlen simulieren. Dafür wird die Funktion rand benutzt, die du mit [MATH] → PROB → rand erhältst (random = zufällig). Der Rechner zeigt dann Zahlen an, die «zufällig» zwischen 0 und 1 verteilt sind.

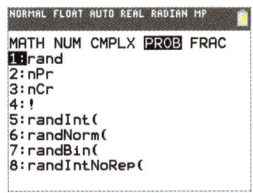

Beispiel

Es soll eine Versuchsreihe mit 4 Wiederholungen simuliert werden, bei denen das Ergebnis gewertet werden soll, wenn die Zufallszahl kleiner als $\frac{1}{2}$ ist.

Du rufst die Funktion rand unter [MATH] → PROB auf. Jede Eingabe von [ENTER] liefert eine neue Zufallszahl. Von den 4 Versuchsergebnissen ist also eines kleiner als $\frac{1}{2}$. Um die Unterscheidung automatisch zu machen, kannst du den GTR benutzen:

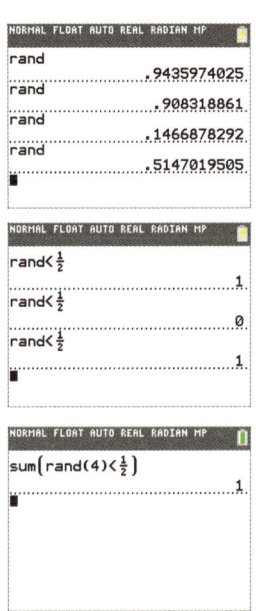

Du rufst die Zufallszahlen unter [MATH] → PROB mit rand auf, anschließend fügst du das «kleiner»-Zeichen mit ^{2nd}[TEST] und die obere Grenze $\frac{1}{2}$ ein. Jede Eingabe von [ENTER] liefert nun eine «0», wenn die Zufallszahl größer oder gleich ist als $\frac{1}{2}$ und eine «1», wenn sie kleiner ist.

Wenn du viele Ergebnisse auswerten willst, lohnt es sich, die Summenfunktion des GTR zu benutzen. Diese rufst du unter ^{2nd}[LIST] → MATH mit sum(auf. Die Anzeige bedeutet, dass die Zufallszahl bei einem von 4 Ereignissen unter $\frac{1}{2}$ lag.

- Mit Hilfe des Befehls randInt kannst du ganzzahlige Zufallszahlen erzeugen lassen. Die Eingabe ist dabei randInt(linke Grenze, rechte Grenze, Anzahl der Zufallszahlen).

- Unter [MATH] → PRB findest du auch den Befehl für dem Binomialkoeffizient nCr (Benutzung: $\binom{4}{1}$ wird eingegeben als 4 nCr 1) und den Befehl für Fakultät.

Übungen

a) Ein Würfel wird geworfen. Ein Ausgang soll nur dann gewertet werden, wenn eine «Sechs» geworfen wird. Simuliere 200 Würfe und bestimme die Anzahl der geworfenen Sechsen.

b) Bei einem Gewinnspiel mit einem Glücksrad mit gleichwahrscheinlichen Zahlen von 1 bis 20 gewinnt man, wenn man eine Zahl dreht, die kleiner als 5 ist. Schätze durch eine Simulation die Wahrscheinlichkeit, bei 50 Spielen mindestens achtmal zu gewinnen.

2.7 Die Exponentialschreibweise

Dieses Kapitel ist wichtig, damit du die vom GTR angezeigten Ergebnisse richtig interpretieren kannst.

Große Zahlen (mehr als 10 Stellen) werden automatisch in der Exponentialschreibweise dargestellt. In der Exponentialschreibweise ist z.B.:

$$1253 = 1,253 \cdot 1000 = 1,253 \cdot 10^3$$

Auf diese Weise kann man sehr große und sehr kleine Zahlen ausdrücken. Der Taschenrechner stellt die Zahlen so dar, dass statt der 10 ein E geschrieben wird, also ist

$$1,253 \cdot 10^3 = 1,253\text{E}3$$

Bei Zahlen, die kleiner als 1 sind, ist der Exponent negativ, da z.B. $10^{-2} = \frac{1}{10^2} = \frac{1}{100}$ ist. Also ist

$$2,5\text{E} - 3 = 2,5 \cdot 10^{-3} = 2,5 \cdot \frac{1}{10^3} = \frac{2,5}{1000} = 0,0025$$

- Alle Zahlen, die mehr als zehn Stellen besitzen oder die kleiner als $0,001$ sind, werden vom Taschenrechner in der Exponentialschreibweise angezeigt.

- Um eine Zahl in der Exponentialschreibweise einzugeben, verwendest du die Taste $^{2\text{nd}}$ [EE].

- Für die Darstellung der Zahlen kleiner als 1 muss in der Exponentialschreibweise das Vorzeichenminus $[(-)]$ verwendet werden, sonst erhältst du eine Fehlermeldung.

Notiz-Rand

Lösungen

2.1 Eingabe und umwandeln von Brüchen

a) Du gibst die Brüche mit der Taste $[\div]$ ein und schließt die Rechnung mit $[\text{ENTER}]$ ab. Anschließend wandelst du das Ergebnis mit $[\text{MATH}]$ und Frac in einen Bruch um.

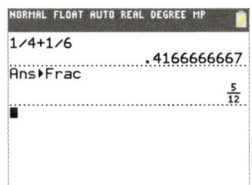

b) Du gibst die Brüche mit der Taste $[\div]$ ein und schließt die Rechnung mit $[\text{ENTER}]$ ab. Anschließend wandelst du das Ergebnis mit $[\text{MATH}]$ und Frac in einen Bruch um.

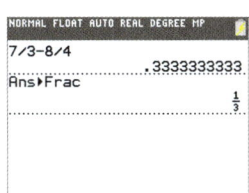

c) Du gibst die Brüche mit der Taste $[\div]$ ein und schließt die Rechnung mit $[\text{ENTER}]$ ab. Anschließend wandelst du das Ergebnis mit $[\text{MATH}]$ und Frac in einen Bruch um.

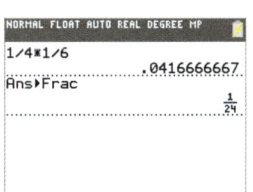

2.2 Rechnen mit Brüchen

a) Du rufst mit $^A[\text{F1}]$ das Schnelltastenmenü, wählst n/d und gibst die beiden Brüche ein, anschließend schließt du die Rechnung mit $[\text{ENTER}]$ ab.

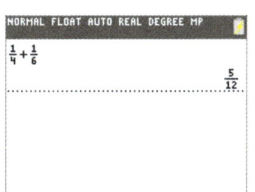

b) Du rufst mit $^A[\text{F1}]$ das Schnelltastenmenü, wählst n/d und gibtst die beiden Brüche ein, anschließend schließt du die Rechnung mit $[\text{ENTER}]$ ab. Nun rufst du mit $^A[\text{F1}]$ die ▶ n/d ◀▶ Un/d auf.

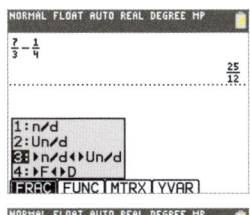

Du bestätigtst zwei mal mit $[\text{ENTER}]$, nun wird das Ergebnis als gemischter Bruch dargestellt.

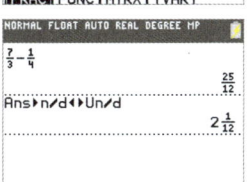

c) Im Schnelltastenmenü, wählst du beim zweiten Bruch Un/d und schließt die Eingabe mit
[ENTER] ab.

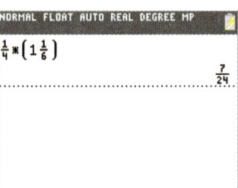

2.4 Der Variablenspeicher

a) Du speicherst zuerst $3,5$ als A mit $[STO \Rightarrow] \rightarrow$
$^A[A]$. Anschließend rufst du A auf mit $^A[A]$ und
führst die Rechnung aus. Zum Schluss wandelst du
das Ergebnis mit [MATH] und Frac in einen Bruch
um.

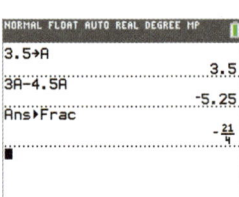

b) Du speicherst zuerst $2,2$ als A mit $[STO \Rightarrow] \rightarrow$
$^A[A]$ und $\frac{1}{4}$ als B mit $[STO \Rightarrow] \rightarrow \,^A[B]$. Anschließend rufst du A und B auf mit $^A[A]$ und $^A[B]$ und
führst die Rechnung durch. Achte auf die Klammern!

2.5 Potenzieren und Wurzelziehen

a) Du berechnest die Aufgaben, indem du die Tasten
$[x^2]$ und $[\hat{\ }]$ benutzt.

b) Auch hier berechnest die Aufgaben, indem du $[x^2]$
und $[\hat{\ }]$ benutzt. Achte auf die Klammern!

c) Du berechnest die Wurzel mit $^{2nd}[\sqrt{\ }]$. Die dritte
und vierte Wurzel erhältst du mit [MATH]. (Be-
achte, dass das Gerät bei der allgemeinen Wurzel
keine linke Klammer automatisch setzt.)

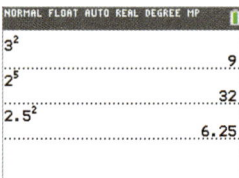

Notiz-Rand

d) Du multiplizierst zuerst. Anschließend benutzt du $^{2nd}[\sqrt{\ }]$ und $^{2nd}[Ans]$ um die Wurzel aus dem Ergebnis zu berechnen.

```
NORMAL FLOAT AUTO REAL DEGREE MP
32.5*17.12
                                      556.4
√Ans
                                 23.58813261
```

e) Du berechnest die Wurzel mit $^{2nd}[\sqrt{\ }]$. Achte darauf, die Klammer zu schließen, damit nur die Wurzel aus 289 berechnet wird. Erst danach wird addiert.

```
NORMAL FLOAT AUTO REAL DEGREE MP
√289+4
                                         21
```

f) Im ersten Fall berechnet man $2 \cdot 4^2 = 2 \cdot 16 = 32$. Zuerst wird die 4 quadriert, anschließend wird multipliziert.
Im zweiten Fall berechnet man $(2 \cdot 4)^2 = 8^2 = 64$. Wegen der Klammer wird zuerst multipliziert und dann quadriert.

2.6 Simulation von Zufallszahlen

Da der Ausgang der jeweiligen Simulation zufällig ist, können hier keine «eindeutigen» Ergebnisse angegeben werden.

a) Du gehst wie im Beispiel vor. Da die sechs möglichen Ausgänge gleichwahrscheinlich sind, beträgt die Wahrscheinlichkeit für einen Ausgang $\frac{1}{6}$. In dieser Simulation würde also 34 mal die «Sechs» geworfen. Führst du dieselbe Berechnung erneut aus, so erhältst du möglicherweise ein anderes Ergebnis. Dies liegt daran, dass der Taschenrechner bei jeder Berechnung mit neuen, zufälligen Zahlen rechnet.

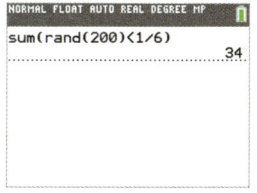

b) Die Wahrscheinlichkeit für einen Gewinn beträgt $\frac{4}{20} = \frac{1}{5}$. Das Gewinnspiel kann also durch eine Versuchsreihe mit 50 Zufallszahlen simuliert werden, die nur gezählt werden, wenn sie kleiner als $\frac{1}{5}$ sind. In der ersten Simulation wurde 13 mal gewonnen.

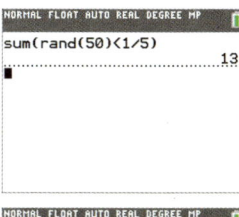

Du wiederholst diese Simulation nun einige Male und zählst, wie oft mehr als 8 mal gewonnen wurde. Rechts trifft das auf 2 von 5 Simulationen zu; die Wahrscheinlichkeit kannst du also auf $\frac{2}{5}$ schätzen. Je mehr Simulationen du durchführst, desto genauer ist das Ergebnis!

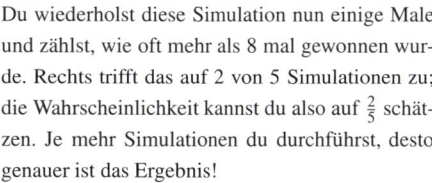

Notiz-Rand

3 Gleichungen und Gleichungssysteme

3.1 Gleichungen lösen mit dem Grafikfenster

Der GTR bietet eine spezielle Funktion zum Lösen von Gleichungen. Es ist aber oft sinnvoller, die Gleichung über den Funktioneneditor bzw. das Grafikfenster zu lösen, da man auf diese Art einen besseren Überblick behält. Dazu stellst du zuerst die Gleichung so um, dass auf der einen Seite Null steht, gibst die andere Seite im Funktioneneditor ein und bestimmst die Nullstellen des zugehörigen Graphen.

Bei Gleichungen wie z.B. $2x - 5 = 17$, die nur eine nicht-quadratische Unbekannte enthalten, lohnt es sich oft nicht, den GTR zum Gleichungslösen zu benutzen. Bei Gleichungen, bei denen x in höheren Potenzen vorliegt, ist das Gerät jedoch sehr hilfreich.

Beispiel 1

Gesucht sind die Lösungen der Gleichung $x^2 - 2x - 5 = 3$.

Zuerst stellst du die Gleichung nach Null um:

$x^2 - 2x - 8 = 0$

Du wechselst in den Funktioneneditor und gibst die linke Seite der Gleichung als Funktion ein:

$Y1 = x^2 - 2x - 8$

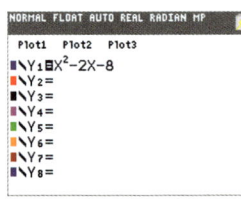

Um den Graph der Funktion zu zeichnen, benutzt du die Taste $[\text{GRAPH}]$. Die gesuchten Lösungen der Gleichung $x^2 - 2x - 8 = 0$ sind die Nullstellen der Funktion.

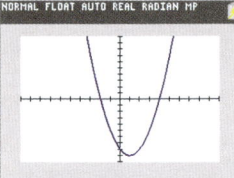

Die Nullstellen der Kurve bestimmst du wie im Kapitel 4.7 auf Seite 36 beschrieben.

Die Lösungen der Gleichung $x^2 - 2x - 5 = 3$ sind also $x_1 = -2$ und $x_2 = 4$. Weitere Nullstellen können ausgeschlossen werden, da quadratische Funktionen maximal 2 Nullstellen besitzen.

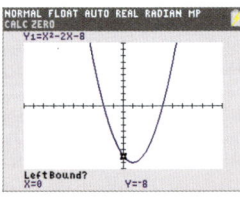

! Mit Hilfe des GTR findest du nicht automatisch alle Lösungen, sondern nur die Lösungen im Ausschnitt des Grafikfensters. Mehr dazu im zweiten Beispiel.

• Jede Lösung der Gleichung muss einzeln bestimmt werden.

• Eine weitere Methode ist es, die linke Seite der Gleichung bei $Y1 =$ einzutragen und die rechte Seite bei $Y2 =$. Die Lösungen der Gleichung sind die x-Werte der Schnittpunkte der beiden Kurven; diese berechnest du mit $^{2\text{nd}}[\text{CALC}] \rightarrow$ intersect. Die Funktionswerte an diesen Stellen haben keine Bedeutung für die hier behandelte Fragestellung.

• Eine dritte Möglichkeit, Gleichungen zu lösen, ist die Solver-Funktion im Menü $[\text{MATH}]$. Dies ist die oben erwähnte «spezielle Funktion» des Taschenrechners. Dabei bestehen jedoch die folgenden Einschränkungen:

Notíz-Rand

- Die Lösung der Gleichung muss geschätzt werden.
- Es gibt wenige Anhaltspunkte, ob noch weitere Lösungen existieren.

Beispiel 2

Gesucht sind die Lösungen der Gleichung $0,2x^2 + 0,5x = 20$.

Zuerst stellst du die Gleichung nach Null um:
$0,2x^2 + 0,5x - 20 = 0$
Nun wechselst du in den Funktioneneditor und gibst die linke Seite der Gleichung als Funktion ein:
$Y1 = 0,2x^2 + 0,5x - 20$ und lässt die Funktion zeichnen.

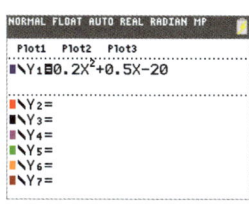

Um die Nullstellen zu bestimmen, rufst du über ^{2nd} [CALC] die Funktion zero auf.
Mit Hilfe des Grafikfensters kann man vermuten, dass links noch eine weitere Nullstelle vorhanden ist, daher setzt du Xmin auf -20.

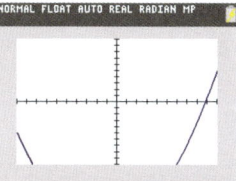

Im neuen Anzeigebereich sind nun zwei Nullstellen zu sehen und können bestimmt werden. Weitere Nullstellen kann es nicht geben, da quadratische Funktionen maximal zwei Nullstellen haben.

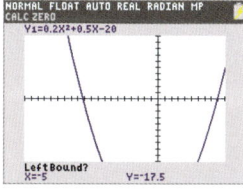

Die erste Lösung der Gleichung ist $x_1 \approx -11,33$, die zweite Lösung ist $x_2 \approx 8,83$.

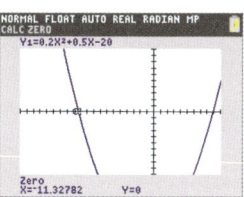

Übungen

a) Bestimme die Lösungen der folgenden Gleichung: $x^2 + 4x = 3$

b) Bestimme die Lösungen der folgenden Gleichung: $x^2 = 2x + 168$

3.2 Gleichungen lösen mit Solve

Eine weitere Möglichkeit, allgemeine Gleichungen zu lösen, ist der Equation Solver. Diesen rufst du mit [MATH] auf (dazu musst du mit den Pfeiltasten nach unten scrollen).

Diese Funktion findet die Lösungen eines gegebenen Ausdrucks. Allerdings ist dafür die Eingabe eines Schätzwerts nötig. Um diesen zu bestimmen, ist es sinnvoll, die Gleichung als Funktion zeichnen zu lassen. Dann ist allerdings der Weg über die Bestimmung der Nullstellen der effektivere. Daher ist die Benutzung von Solve nur *sehr eingeschränkt* zu empfehlen.

Beispiel

Gesucht sind die Lösungen der Gleichung $0,2x^2 + 0,5x = 20$.

Du rufst den Solver auf mit [MATH] $\rightarrow$ Solver und gibst in das obere Feld die linke Seite der Gleichung ein und in das untere Feld die rechte Seite.

Du bestätigst mit [ENTER].
Nun muss in der zweiten Zeile ein Startwert zur Bestimmung der Lösung eingegeben werden. Dort steht im Moment Null.

Ohne Kenntnis der ungefähren Lösungen ist das schwierig, im Beispiel wurde jetzt $X = 1$ in die zweite Zeile eingegeben. Nicht mit [ENTER] bestätigen, der Cursor muss in der Zeile mit dem X stehen.
Um die Lösung anzuzeigen, benutzt du ^{A}[SOLVE].

Die erste Lösung wird angezeigt, es handelt sich um die positive Lösung, wie sie im zweiten Beispiel des vorangegangenen Kapitels bestimmt wurde.

Gibst du als Schätzwert $X = -2$ ein, wird die zweite Lösung angezeigt.

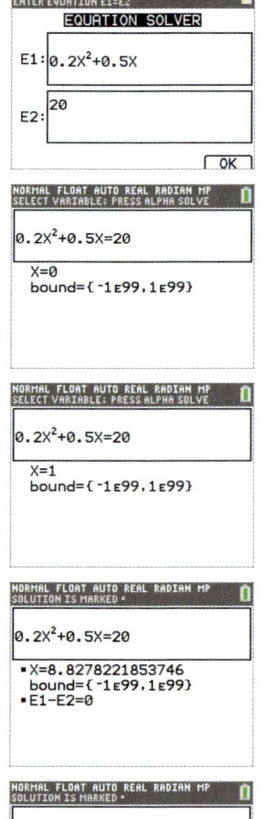

! Es werden nur die Lösungen bestimmt, die sich in der Umgebung des Schätzwerts befinden!

Notiz-Rand

3.3 Lineare Gleichungssysteme

Lineare Gleichungssysteme können mit dem TI83 bzw. TI84 nicht direkt gelöst werden. Allerdings kannst du das Gleichungssystem als Matrix schreiben (siehe Seite 65) und die Matrix mit dem rref-Befehl* umformen. Beim Umformen der Matrix können drei Fälle auftreten:

1. Die Spalte ganz rechts enthält Werte und links davon stehen Nullen und nur auf der Diagonalen Einsen: Die Zahlen in der Spalte rechts sind die eindeutige Lösung des LGS.

2. Die unterste Zeile enthält nur Nullen: Es gibt unendlich viele Lösungen.

3. Die unterste Zeile enthält nur Nullen und ganz rechts eine Eins: Es gibt keine Lösung.

Beispiel 1

Gesucht sind die Lösungen des folgenden linearen Gleichungssystems:

$$
\begin{array}{rcrcrcr}
x_1 & + & 2x_2 & - & x_3 & = & 8 \\
-x_1 & + & x_2 & + & 2x_3 & = & 0 \\
-x_1 & - & 5x_2 & - & 4x_3 & = & -12
\end{array}
$$

Die Koeffizienten des Gleichungssystems werden als Matrix geschrieben und diese dann mit dem Befehl ^{2nd}[MATRIX] → MATH → rref umgeformt:

Zuerst musst du das Gleichungssystem als Matrix eingeben. Die gewünschte Matrix wählst du aus mit ^{2nd}[MATRIX] → EDIT → A → [ENTER]

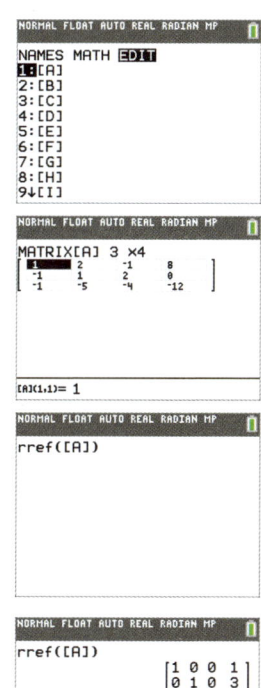

Die Größe von Matrizen wird immer als «Anzahl der Zeilen × Anzahl der Spalten» angegeben (das × wird als «kreuz» ausgesprochen).
Du benötigst also eine 3×4-Matrix. Jetzt gibst du die Koeffizienten der Matrix ein.

Um die Matrix umzuformen, kehrst du zuerst mit ^{2nd}[QUIT] zum Rechenfenster zurück. Nun gibst du ein: ^{2nd}[MATRIX] → MATH → rref und anschließend ^{2nd}[MATRIX] → [A] um die Matrix A aufzurufen. Du schließt mit) und [ENTER] ab.

Das Ergebnis sollte so aussehen, wie rechts abgebildet. Durch den rref-Befehl wurde die Matrix so umgeformt, dass nur in auf der Diagonale des «linken» Teils Zahlen stehen.
Diese Matrix entspricht dem folgenden Gleichungssystem:

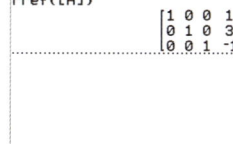

---

*rref bedeutet reduced row echelon form. Die Matrix wird dabei so umgeformt, dass die Spalte ganz rechts noch Einträge enthält, die restliche Matrix sollte nach Möglichkeit nur Einsen auf der Hauptdiagonalen enthalten.

$$
\begin{array}{rcrcrcr}
1 \cdot x_1 & + & 0 \cdot x_2 & + & 0 \cdot x_3 & = & 1 \\
0 \cdot x_1 & + & 1 \cdot x_2 & + & 0 \cdot x_3 & = & 3 \\
0 \cdot x_1 & + & 0 \cdot x_2 & + & 1 \cdot x_3 & = & -1
\end{array}
$$

Es ist also $1 \cdot x_1 = 1$, $1 \cdot x_2 = 3$ und $1 \cdot x_3 = -1$.

Also lautet die Lösungsmenge für das lineare Gleichungssystem: $L = \{(1; 3; -1)\}$

Beispiel 2

Gesucht ist die Lösung des folgenden linearen Gleichungssystems:

$$
\begin{array}{rcrcrcr}
x_1 & + & 2x_2 & - & x_3 & = & 4 \\
-x_1 & + & 2x_2 & - & 3x_3 & = & 6 \\
2x_1 & + & 4x_2 & - & 2x_3 & = & 8
\end{array}
$$

Das lineare Gleichungssystem wird, wie im ersten Beispiel, als Matrix geschrieben und mit dem rref-Befehl gelöst:

Als Lösung ergibt sich nebenstehende Matrix.
Die Leerzeile bedeutet, dass es unendlich viele Lösungen gibt. Zum Bestimmen der Lösungsmenge gehst du genau so vor, als wenn du das umgeformte Gleichungssystem weiter «von Hand» lösen würdest:

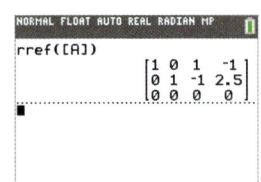

Die umgeformte Matrix entspricht folgendem Gleichungssystem:

$$
\begin{array}{clcrcrcr}
\text{I} & x_1 & & & + & x_3 & = & -1 \\
\text{II} & & x_2 & & - & x_3 & = & 2{,}5 \\
\text{III} & 0x_1 & + & 0x_2 & + & 0x_3 & = & 0
\end{array}
$$

Du setzt nun z.B. $x_3 = t$ und setzt dies in die beiden oberen Gleichungen ein:

$$
\begin{array}{clcrcr}
\text{I}a & x_1 & & + & t & = & -1 \\
\text{II}a & & x_2 & - & t & = & 2{,}5
\end{array}
$$

Auflösen von Gleichung IIa nach x_2 führt zu: $x_2 = t + 2{,}5$.

Nun wird Gleichung Ia nach x_1 aufgelöst: $x_1 = -t - 1$. Damit ist die Lösungsmenge:

$L = \{(-t - 1; t + 2{,}5; t) \mid t \in \mathbb{R}\}$.

Beispiel 3

Gesucht ist die Lösung des folgenden linearen Gleichungssystems:

$$
\begin{array}{rcrcrcr}
x_1 & + & 2x_2 & + & x_3 & = & 4 \\
-x_1 & - & 4x_2 & + & x_3 & = & 7 \\
2x_1 & + & 8x_2 & - & 2x_3 & = & 8
\end{array}
$$

Das lineare Gleichungssystem wird, wie in den beiden vorangegangenen Beispielen, als Matrix geschrieben und mit dem rref-Befehl gelöst:

Als Lösung ergibt sich nebenstehende Matrix.
In der letzten Zeile steht ein Widerspruch, denn diese
Zeile entspricht der Gleichung $0+0+0=1$.
Daher hat dieses Gleichungssystem keine Lösung; man
kann dazu auch sagen, dass die *Lösungsmenge leer* ist:
$L = \{\ \}$

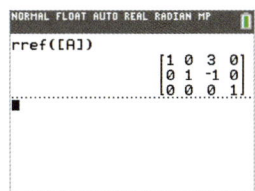

- Mit $[MATH] \rightarrow$ Frac kannst du die gesamte (Ergebnis-) Matrix in Brüche umwandeln; das ist hilfreich, wenn die Ergebnisse aus Dezimalzahlen bestehen.

- Für negative Zahlen musst du das Vorzeichenminus $[(-)]$ benutzen!

Übungen

Untersuche, ob die folgenden linearen Gleichungssysteme eine Lösungsmenge besitzen und bestimme diese gegebenenfalls.

a)
$x + 2y - 2z = 7$
$x - y - 4z = -9$
$x + 4y + 3z = 25$

b)
$x + 2y - 3z = 4$
$-x + 2y - 3z = 6$
$2x + 4y - 2z = 8$

c)
$2x + y - z = 6$
$x + 3y + 3z = 14$
$-x + 2y + 4z = 8$

d)
$x + y - z = 1$
$2x - y + z = 8$
$4x + y - z = 1$

Lösungen

3.1 Gleichungen lösen mit dem Grafikfenster

a) Du stellst die angegebene Gleichung nach 0 um $(x^2 + 4x - 3 = 0)$, gibst die linke Seite in den Funktioneneditor für $Y1 =$ ein und wählst bei ^{2nd} [Calc] die Funktion zero aus.

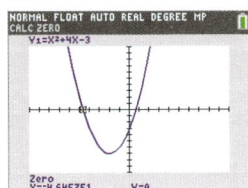

Nun bestimmst du zuerst die linke und dann die rechte Nullstelle und erhältst so die beiden Lösungen der Gleichung: $x_1 \approx -4,65$ und $x_2 \approx 0,65$.

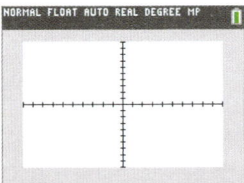

b) Du stellst die angegebene Gleichung nach 0 um $(x^2 - 2x - 168 = 0)$, gibst die linke Seite im Funktioneneditor für $Y1 =$ ein.

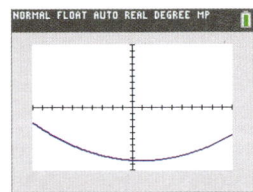

Es wird keine Kurve angezeigt, daher lässt du dir mit ^{2nd} [TABLE] die Wertetabelle anzeigen. Anhand der Funktionswerte kannst du sehen, dass du die Werte unter [WINDOW] anpassen musst. $Ymin = -200$, $Ymax = 200$ und $Yscl = 20$ ist eine gute Einstellung.

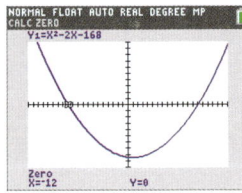

Auch $Xmin$ und $Xmax$ müssen noch angepasst werden: $Xmin = -20$, $Xmax = 20$ und $Xscl = 2$ sind gute Werte. Nun kannst du die Nullstellen bestimmen. Es ist $x_1 = -12$ und $x_2 = 14$.

3.3 Lineare Gleichungssysteme

a) Das Gleichungssystem wird zuerst als 3×4 Matrix eingegeben. Dann verlässt du das Eingabefenster mit ^{2nd}[QUIT] und rufst rref mit ^{2nd}[MATRIX] → MATH auf.

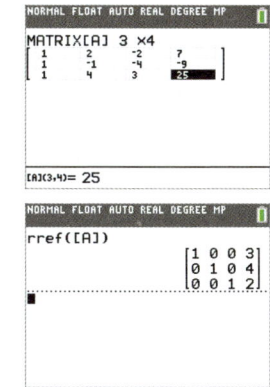

Nun wird die Matrix [A] unter ^{2nd}[MATRIX] ausgewählt und mit [ENTER] bestätigt. Es ist $1 \cdot x = 3$, $1 \cdot y = 4$ und $1 \cdot z = 2$, also ist die Lösungsmenge: $L = \{(3; 4; 2)\}$

b) Das Gleichungssystem wird zuerst als 3×4 Matrix eingegeben. Dann verlässt du das Eingabefenster mit ^{2nd}[QUIT] und rufst rref mit ^{2nd}[MATRIX] → MATH auf. Nun wählst du die Matrix [A] unter ^{2nd}[MATRIX] aus und bestätigst mit [ENTER].

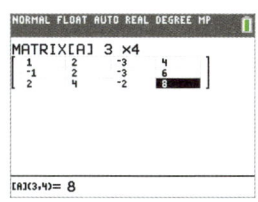

Es ist $1 \cdot x = -1$, $1 \cdot y = 2,5$ und $1 \cdot z = 0$, also ist die Lösungsmenge: $L = \{(-1; 2,5; 0)\}$

c) Das Gleichungssystem wird zuerst als 3×4 Matrix eingegeben. Dann verlässt du das Eingabefenster mit ^{2nd}[QUIT] und rufst rref mit ^{2nd}[MATRIX] → MATH auf. Nun wählst du die Matrix [A] unter ^{2nd}[MATRIX] aus bestätigst mit [ENTER].

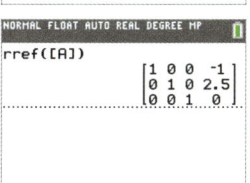

Es ist $1 \cdot x - 1,2 \cdot z = 0,8$ und $1 \cdot y + 1,4 \cdot z = 4,4$. Die dritte Zeile besteht nur aus Nullen, also handelt es sich um ein Gleichungssytem mit unendlich vielen Lösungen.

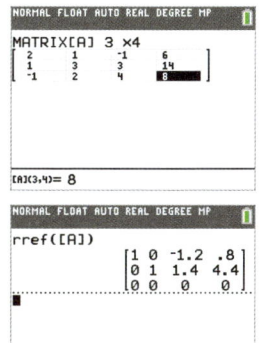

Die umgeformte Matrix entspricht folgendem Gleichungssystem:

$$
\begin{array}{rrrrrl}
\text{I} & x & & - & 1,2z & = & 0,8 \\
\text{II} & & y & + & 1,4z & = & 4,4 \\
\text{III} & & & & 0 & = & 0
\end{array}
$$

Du setzt nun z.B. $z = t$ und setzt dies in die beiden oberen Gleichungen ein:

$$\begin{array}{rrcrcl} \text{I}a & x & - & 1,2t & = & 0,8 \\ \text{II}a & & y + & 1,4t & = & 4,4 \end{array}$$

Auflösen der Gleichung Ia nach x und IIa nach und y führt zu: $x = 1,2t + 0,8$ und $y = 4,4 - 1,4t$. Damit ist die Lösungsmenge:
$$L = \{(1,2t + 0,8\,;\,4,4 - 1,4t\,;\,t)\mid t \in \mathbb{R}\}.$$

d) Das Gleichungssystem wird zuerst als 3×4 Matrix eingegeben. Dann verlässt du das Eingabefenster mit ^{2nd} [QUIT] und rufst rref mit ^{2nd} [MATRIX] $\rightarrow$ MATH auf. Nun wählst du die Matrix [A] unter ^{2nd} [MATRIX] aus und bestätigst mit [ENTER].

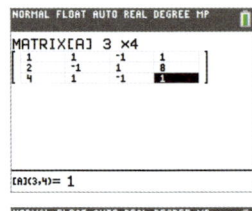

In der dritten Zeile steht $0 = 1$, dies ist ein Widerspruch, das Gleichungssystem besitzt also keine Lösung.

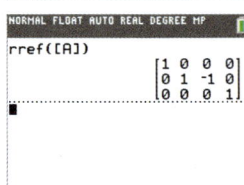

Notiz-Rand

4 Funktionen untersuchen – Teil 1

4.1 Grafische Darstellung

Um eine Funktion grafisch darzustellen, wird diese zuerst im *Funktioneneditor* eingegeben. In diesen gelangst du mit [Y =]. Angezeigt wird der zugehörige Graph im *Grafikfenster*, das du mit [GRAPH] aufrufst. Der Anzeigebereich wird mit [Window] ausgewählt.

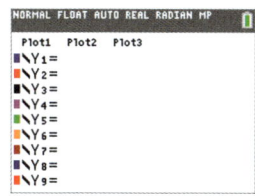

Beispiel

Gesucht ist der Graph der Funktion $f(x) = 1,2x - 3$.
Zuerst gibst du die Funktion im Funktioneneditor in der ersten Zeile Y1 = ein. Für x benutzt du dabei die Taste [X, T, Θ, n].

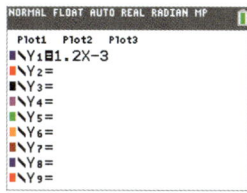

Um den Graph der Funktion zu zeichnen, verwendest du die Taste [GRAPH].
Das Grafikfenster ist dabei standardmäßig von -10 bis $+10$ eingestellt.

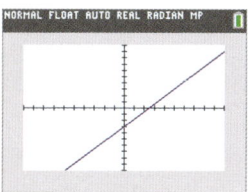

- Um die Größe des Grafikfensters zu ändern, benutzt du entweder [WINDOW] oder die Zoom-Funktionen mit [ZOOM], mehr dazu in den nächsten Abschnitten.

- Einzelne Graphen kannst du ein- und ausblenden, indem du auf das Gleichheitszeichen gehst und [ENTER] drückst. Es werden nur die Graphen der Funktionen gezeichnet deren Gleichheitszeichen schwarz unterlegt ist, in unserem Beispiel rechts also nur Y2.

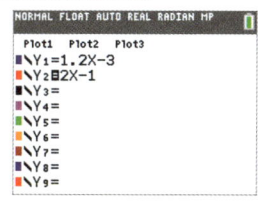

- Wenn du im Funktioneneditor ganz nach links gehst und [ENTER] drückst, kannst du verschiedene Linientypen und Farben für die Kurven auswählen. Rechts wird der Graph zu Y2 im Grafikfenster mit einer gepunkteten Linie gezeichnet werden.

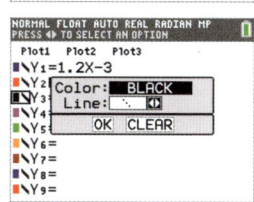

- Im Grafikfenster kannst du mit [TRACE] auf der Kurve «laufen», indem du die Tasten [◄] und [►] benutzt. Zwischen zwei Kurven wechselst du mit den Tasten [▲] und [▼].

Übungen

a) Zeichne die Graphen der angegebenen Funktionen (Geraden) in ein Koordinatensystem:

    I) $f(x) = 1,5x - 1$ II) $f(x) = -2x + 4$ III) $f(x) = x - 3$

b) Zeichne die Graphen der angegebenen Funktionen (Parabeln) in ein Koordinatensystem:

    I) $f(x) = x^2 - 1$ II) $f(x) = -x^2 + 4$ III) $f(x) = 0,5x^2 - 5$

4.2   Einstellen des Grafikfensters

Das Grafikfenster lässt sich im Fenstereditor einstellen.
Diesen rufst du mit der Taste [WINDOW] auf.
Hier kann nun die Größe und Auflösung des Grafik-
fensters eingestellt werden.

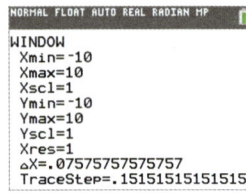

- Die Werte von Xmin und Xmax sowie Ymin und Ymax sind die größten und kleinsten verwendeten Werte der x-Achse bzw. der y-Achse.

- Um negative Grenzen einzugeben, muss du das Vorzeichenminus [(−)] verwenden.

- In der Standardeinstellung sind die Grenzen von x- und y-Achse auf -10 und $+10$ gesetzt. Da das Fenster nicht quadratisch ist, sehen die Graphen in dieser Einstellung etwas anders aus, als in einer Zeichnung: Die Winkelhalbierende $y = x$ verläuft nicht in einem $45°$ Winkel, sondern etwas flacher. Mehr dazu im nächsten Abschnitt.

- Xscl und Yscl geben an, in welchem Abstand die Markierungen auf der x- und y-Achse gesetzt werden. (Einen guten Wert für Xscl erhältst du, indem du die Differenz zwischen Xmax und Xmin durch 20 teilst.)

- Xres legt die Auflösung fest, mit der die Funktion gezeichnet wird. Bei komplizierten Funktionen zeichnet das Gerät den Graph schneller, wenn du den Wert auf 2 oder 3 setzt.

- Mit [ZOOM] → ZStandard setzt du das Grafikfenster auf die Standardwerte zurück. Mehr dazu im nächsten Abschnitt.

Übungen

Zeichne die Funktionen in ein Koordinatensystem; passe das Grafikfenster an:

a) Der Funktionsterm lautet $f(x) = 0,5x + 12$; es soll der Schnittpunkt des zugehörigen Graphen mit der y-Achse im Grafikfenster sichtbar sein.

b) Der Funktionsterm lautet $f(x) = 2x - 25$; es soll der Schnittpunkt des zugehörigen Graphen mit der x-Achse im Grafikfenster sichtbar sein.

c) Der Funktionsterm lautet $f(x) = 0,1x^2 - 15$; es sollen der Scheitelpunkt der Parabel und die Schnittpunkte mit der x-Achse im Grafikfenster sichtbar sein.

Notiz-Rand

4.3 Die Zoom-Funktion

Mit Hilfe der Zoom-Funktion kannst du beliebige Ausschnitte des Grafikfensters vergrößern. Es gibt verschiedene Zoom-Funktionen, die du rechts aufgelistet siehst. Das *Zoom-Menü* wird mit [ZOOM] aufgerufen.

Die wichtigsten Zoom-Funktionen sind:

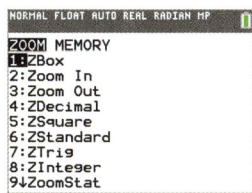

- Die Zoom-Box: Mit Hilfe der ZBox kannst du mit den Cursor-Tasten einen Ausschnitt markieren, der dann vergrößert wird.

- Zoom In und Zoom Out zum Vergrößern und Verkleinern des Grafikfensters.

- ZSquare: Mit diesem Befehl werden die Einheiten auf der x- und y-Achse im gleichen Abstand gesetzt. Damit verläuft die Winkelhalbierende $y = x$ genau im $45°$-Winkel, so wie du das von einer standardmäßigen Zeichnung auf Papier gewohnt bist.

- ZDecimal: Dieser Befehl setzt die Einheiten der x- und y-Achse in den gleichen Abstand, ähnlich wie ZSquare, gleichzeitig wird die x-Achse von $-6,6$ bis $6,6$ und die y-Achse von $-4,1$ bis $4,1$ dargestellt.

- ZStandard: Dieser Befehl setzt das Grafikfenster auf die Standardwerte von -10 bis $+10$ zurück.

Beispiel

Es soll die Gerade zur Gleichung $y = x - 1$ gezeichnet werden, der Bereich um den Schnittpunkt mit den beiden Koordintenachsen vergrößert werden und zum Schluss die Einheiten auf x- und y-Achse in den gleichen Abstand gesetzt werden.

Zuerst gibst du die Gerade im Funktioneneditor ein. Anschließend rufst du das Grafikfenster mit [GRAPH] auf.
Nun tippst du [ZOOM] um die Zoom-Funktion aufzurufen.

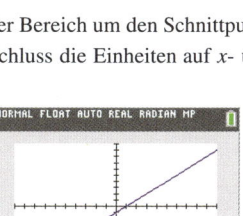

Du wählst den Befehl Zoom In entweder mit der Taste 2 oder mit dem Cursor und [ENTER] aus.

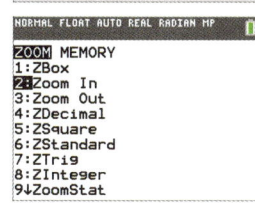

Im Koordinatenursprung blinkt nun ein Kreuz, das du mit den Navigationstasten verschieben kannst.
Unten werden die aktuellen Koordinaten des Kreuzes angezeigt. Du wanderst nun mit dem Kreuz in die Mitte des zu vergrößernden Bereichs und drückst [ENTER].

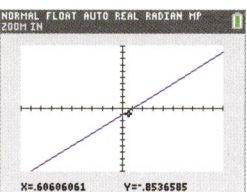

Das Kreuz ist an der gleichen Stelle geblieben, aber der Bildschirmausschnitt wurde vergrößert.

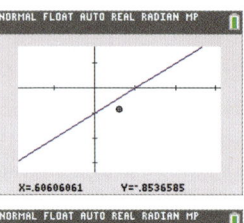

Mit ZSquare kannst du zum Schluss den Maßstab beider Koordinatenachsen auf die gleiche Größe bringen. Die Gerade, die ja eine Steigung von 1 besitzt, verläuft nun auch im GTR-Zeichenfenster in einem $45°$-Winkel zur x-Achse.

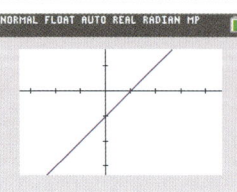

Übungen

a) Bestimme die Stelle, an der die Gerade $y = 1,5x - 2$ die x-Achse schneidet, indem du mit Zoom-In und der Trace Funktion arbeitest. Bestimme den x-Wert so, dass sich für y eine Zahl ergibt, die kleiner als $0,01$ ist.
Setze die Fenstereinstellungen zum Schluss wieder auf die Standardwerte zurück.

b) Zeichne die Gerade $y = x - 1$, vergrößere den Bereich um die Schnittpunkte mit den Koordinatenachsen mit Hilfe der Zoom-Box.
Bewege dazu das Kreuz an die Stelle, an der die linke untere Ecke der Box sein soll, drücke [ENTER] und «ziehe» dann die Box auf. Mit [ENTER] wird die Eingabe abgeschlossen.
Setze die Fenstereinstellungen zum Schluss wieder auf die Standardwerte zurück.

c) Untersuche die Stelle, an der sich die beiden Geraden mit $y = 2x - 1$ und $y = -x + 5$ schneiden mit Hilfe der Zoom-Box und der Trace-Funktion. Bestimme so den Schnittpunkt näherungsweise. Setze anschließend die Terme der Geradengleichungen gleich und bestimme den genauen Schnittpunkt rechnerisch. Vergleiche die Ergebnisse.

Notiz-Rand

4.4 Wertetabellen

Um eine Wertetabelle zu erstellen, benutzt du das *Tabellenfenster*: ^{2nd} [TABLE].

Das Tabellenfenster verwendet die Funktionen, die du vorher im Funktioneneditor eingegeben hast.

> **Tipp:** Bei manchen Funktionen können die Funktionswerte sehr groß sein. Um das Grafikfenster optimal einzustellen, ist es sinnvoll, einen Blick auf die Wertetabelle zu werfen. So kannst du sehen, in welchem Bereich die Funktionswerte liegen.

Beispiel

Gesucht ist die Wertetabelle der Funktion mit $f(x) = 1,5x - 2$ von -3 bis 3 bei einer Schrittweite von $0,5$. Zuerst gibst du die Funktion im Funktioneneditor ein, anschließend wechselst du mit ^{2nd} [TABLE] in das Tabellenfenster.

Um die Start- und Endwerte einzustellen, benutzt du ^{2nd} [TBLSET]. TblStart gibt den kleinsten x-Wert an, die Schrittweite wird mit ΔTbl eingestellt. Du setzt TblStart auf -3 und ΔTbl auf $0,5$.

Um die geänderte Wertetabelle anzuzeigen, drückst du ^{2nd} [TABLE].

In der Wertetabelle kannst du mit [▲] und [▼] die Zeilen durchblättern.

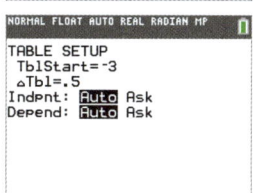

Übungen

a) Gib für die Funktion $f(x) = -x + 2,2$ die Wertetabelle von -5 bis 5 mit einer Schrittweite von 1 an.

b) Gib für die Funktion $f(x) = 1,8x + 1,5$ die Wertetabelle von -2 bis 2 mit einer Schrittweite von $0,5$ an.

4.5 Der geteilte Bildschirm

Um einen Funktionsgraphen und die zugehörige Wertetabelle gleichzeitig anzeigen zu lassen, ist es möglich die Bildschirmanzeige zu teilen. Dazu drückst du zuerst [MODE]. In der neunten Zeile sind die Einstellungen für den Bildschirm zu sehen.

Full ist die «normale» Einstellung, bei der der Funktionsgraph auf dem gesamten Bildschirm angezeigt wird. Horiz bedeutet, dass im oberen Bereich der Funktionsgraph angezeigt wird und im unteren Bereich wahlweise der Funktionsterm oder die Wertetabelle. In der Einstellung Graph – Table bzw. G – T wird der Funktionsgraph links angezeigt und die Wertetabelle rechts.

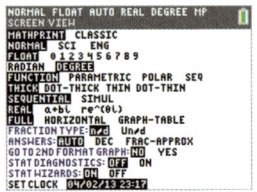

Um die Einstellung zu ändern, wählst du die gewünschte Einstellung mit den Pfeiltasten aus und bestätigst mit [ENTER].

> **Tipp:** Der Vorteil des geteilten Bildschirms ist, dass der Funktionsterm bzw. die Wertetabelle und der Funktionsgraph gleichzeitig angezeigt werden. Allerdings sind beide Anzeigen dann relativ klein. Diese Einstellung ist also nur sinnvoll, wenn du genau diesen Zusammenhang untersuchen willst.

Auf der rechten Seite siehst du, wie der Funktionsgraph von $f(x) = 1,5x - 2$ in der Einstellung G – T angezeigt wird.

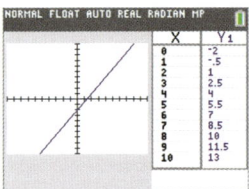

In der Einstellung Horiz wird beim Aufrufen des Funktioneneditors [Y =] bzw. des Grafikfensters mit [GRAPH] der Bildschirm immer horizontal geteilt angezeigt.

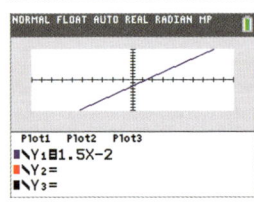

So lange Horiz aktiv ist, wird auch die Wertetabelle mit ^{2nd} [TABLE] nur im unteren Bereich angezeigt.

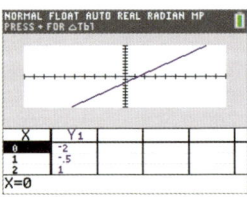

Notiz-Rand

4.6 Funktionswerte berechnen

Funktionswerte lassen sich im Grafikfenster mit Hilfe des *Calc-Menü* bestimmen: ^{2nd}[CALC] → value. (value = Wert)

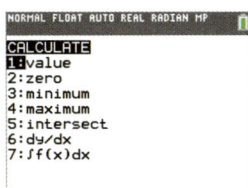

Beispiel

Gesucht ist der Funktionswert der Funktion $f(x) = 6,5x + 7$ für $x = 9$.

Zuerst gibst du die Funktion im Funktioneneditor ein, dann wechselst du in das Calc-Menü: ^{2nd}[CALC] und rufst value auf. Der Graph zur Funktion wird gezeichnet, zusätzlich wird unten x = angezeigt. Du gibst 9 ein.

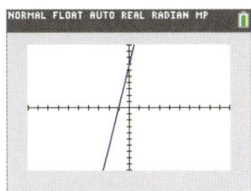

Nun wird unten rechts der zugehörige Funktionswert angezeigt. Es ist $f(9) = 65,5$.

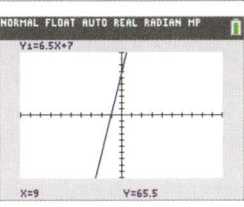

! Alle Berechnungen im Calc-Menü funktionieren nur im Bereich der angezeigten Graphen. Wenn du größere oder kleinere Funktionswerte berechnen willst, musst du vorher das Grafikfenster ändern (siehe 3.2)

Übungen

a) Berechne den Funktionswert der Funktion $f(x) = -2x + 7$ an der Stelle $x = -6$.

b) Berechne den Funktionswert der Funktion $f(x) = 3x - 2,5$ an der Stelle $x = 11$.

4.7 Nullstellen berechnen

Die Nullstellen einer Funktion lassen sich im Grafikfenster mit Hilfe des *Calc-Menüs* ^{2nd}[CALC] bestimmen.
Die Nullstellenberechnung wird über den Menüpunkt
zero ausgewählt (zero = Null).

> **Tipp:** Die Nullstellenberechnung wird nur im Bereich des angezeigten Grafikfensters
> durchgeführt. Daher solltest du den Verlauf des Graphen kennen um sicherzuge-
> hen, dass es nicht noch weitere Nullstellen gibt. (Bei Geraden gibt es natürlich
> immer nur eine Nullstelle)

Beispiel

Gesucht sind die Nullstellen der Funktion $f(x) = 2x - 3,5$.

Zuerst gibst du die Funktion im Funktioneneditor ein.
Dann wechselst du in das Calc-Menü mit ^{2nd}[CALC].
Die Eingabe von zero führt zur Nullstellenberechnung.
Nun musst du den Bereich, in dem sich die Nullstelle
befindet, von links und rechts eingrenzen.

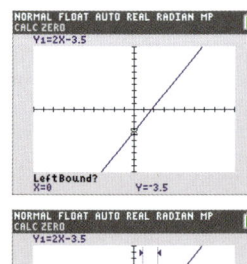

Die linke Grenze kannst du direkt als Zahl eingeben,
oder du bewegst den Curson mit [◄] nach links. Mit
[ENTER] bestätigst du die Eingabe. Die rechte Grenze
wird genauso eingegeben.

Den vorgeschlagenen Wert bei Guess kannst du übernehmen. Nach der Eingabe von [ENTER] wird die
Nullstelle angezeigt. Es ist $x = 1,75$.

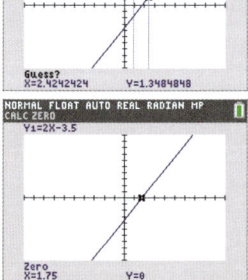

- Wenn im Grafikfenster mehrere Graphen angezeigt werden, musst du zuerst die Graphen,
  deren Nullstellen du bestimmen willst, mit [▲] und [▼] auswählen.

- Wenn du das Ergebnis in einen Bruch umwandeln willst, verlässt du das Grafikfenster mit
  ^{2nd}[QUIT] und tippst direkt [MATH] ein und wählst dann Frac aus.

! Der GTR berechnet die Nullstellen numerisch, d.h. alle Ergebnisse sind nur Näherungswerte. Daher können sich die Ergebnisse von zwei Taschenrechnern manchmal um kleine
  Werte unterscheiden, in der Regel aber erst in der 3. oder 4. Stelle hinter dem Komma.

! Liegt die Nullstelle genau bei $x = 0$, kann es durch die näherungsweise Berechnung manchmal zu «merkwürdigen» Ergebnissen kommen.

Im Bild rechts wurde die Nullstelle von $f(x) = x^3$ berechnet.

Durch die numerische Berechnung liefert der GTR das Ergebnis $x = 7,87 \, \text{E} \, \text{-35} = 2,349 \cdot 10^{-34}$, das zu 0 abgerundet wird.

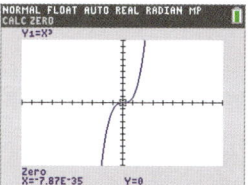

! Wenn du die Nullstellen eines Graphen, der die x-Achse nur berührt, bestimmen willst, kann es zu einer Fehlermeldung kommen. Grund dafür ist, dass der GTR nach Vorzeichenwechseln der Funktion sucht. $f(x) = x^2$ hat an der Stelle $x = 0$ zwar eine Nullstelle aber keinen Vorzeichenwechsel.

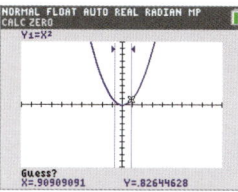

In diesem Fall gibt es die Möglichkeit, den Graph um eine Längeneinheit nach oben zu verschieben und mit der Geraden $y = 1$ zu schneiden (siehe 3.7).

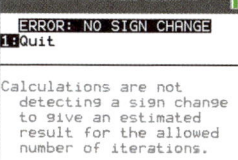

Übungen

a) Berechne die Nullstelle der Funktion $f(x) = -3x - 5$. Gib das Ergebnis auch als Bruch an.

b) Berechne die Nullstelle der Funktion $f(x) = 0,5x - 7$.

c) Berechne die Nullstellen der Funktion $f(x) = x^2 - 3$.

Notiz-Rand

4.8 Schnittpunkte berechnen

Um die Schnittpunkte von zwei Kurven im Grafikfenster zu bestimmen, benutzt du das *Calc-Menü*:
2nd [CALC].
Die Schnittpunktberechnung wird über den Menüpunkt
intersect ausgewählt. (intersection = Schnittpunkt)

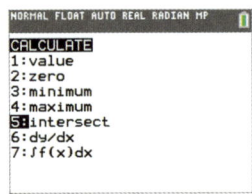

> **Tipp:** Auch die Schnittpunktberechnung wird nur im Bereich der angezeigten Kurven
> durchgeführt. Daher solltest du den Verlauf der Graphen kennen um sicherzugehen,
> dass es nicht noch weitere Schnittpunkte gibt.

Beispiel

Gesucht sind die Schnittpunkte der Graphen $f(x) = 3x - 5$ und $g(x) = 0,5x + 1$

Zuerst gibst du die Funktionen im Funktioneneditor ein.
Dann wechselst du mit 2nd [CALC] in das Calc-Menü:
intersect führt zur Anzeige der Schnittstellenberech-
nung.

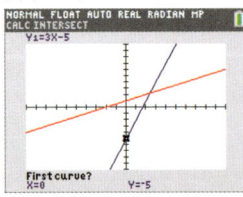

Du bestätigst den ersten Graph mit [ENTER]. Der Cursor springt dann zum zweiten Graph, auch hier bestätigst
du mit [ENTER].

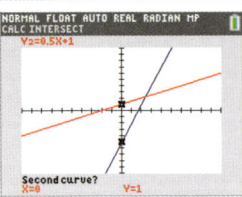

Bevor du Guess bestätigst kannst du mit dem Cursor
möglichst nahe an den Schnittpunkt herangehen; da-
durch geht die Berechnung schneller.

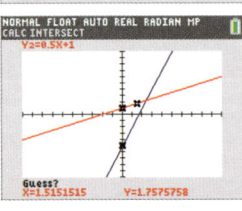

Nach der Bestätigung mit [ENTER] wird der Schnittpunkt angezeigt. Der Punkt $S(2,4 \mid 2,2)$ ist der gesuchte
Schnittpunkt der beiden Geraden.

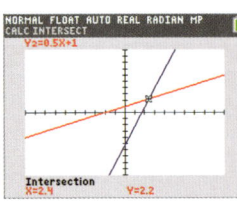

- Wenn im Grafikfenster mehrere Kurven angezeigt werden, musst du die Graphen, deren
  Schnittstellen du bestimmen willst, mit [▲] und [▼] auswählen.

- Willst du das Ergebnis in einen Bruch umwandeln, so verlässt du zuerst das Grafikfenster
  mit 2nd [QUIT] und benutzt dann [MATH] → Frac. Allerdings wird immer nur der x-Wert

in einen Bruch umgewandelt. Um auch den y-Wert in einen Bruch umzuwandeln, musst du ihn separat berechnen. (Siehe Übung a))

! Der GTR berechnet die Schnittstellen numerisch, d.h. alle Ergebnisse sind nur Näherungs-
werte. Daher können sich die Ergebnisse von zwei Taschenrechnern manchmal um kleine Werte unterscheiden, in der Regel aber erst in der 3. oder 4. Stelle hinter dem Komma.

! Liegt die Schnittstelle genau bei $x = 0$, kann es durch die näherungsweise Berechnung zu «merkwürdigen» Ergebnissen kommen. Im Bild rechts wurde die Schnittstelle der beiden

Graphen zu $f(x) = -x^2 + 3x + 5$ und $g(x) = -x + 5$ bestimmt. Diese liegt bei $x = 0$, wie man auch durch Einsetzen von $x = 0$ sehen kann. Durch die numerische Berechnung liefert der GTR das Ergebnis $x = 3,497 \cdot 10^{-15}$; dieses Ergebnis wird zu $x = 0$ abgerundet.

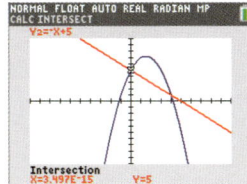

Übungen

a) Bestimme den Schnittpunkt der Graphen zu $f(x) = 2,6x - 3$ und $g(x) = -x + 1$.

b) Bestimme die Schnittpunkte der Graphen zu $f(x) = -x^2 + 3x + 5$ und $g(x) = x - 1$.

Lösungen

4.1 Grafische Darstellung

a) Du wechselst mit $[Y =]$ in den Funktioneneditor und gibst die Geradengleichungen ein. Bei der
zweiten Gerade ist es wichtig, die Vorzeichen-
Minustaste zu benutzen.

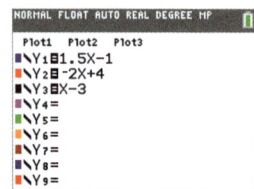

Anschließend benutzt du die Taste $[GRAPH]$, um
die drei Geraden zeichnen zu lassen. Sie werden
in der Reihenfolge der Funktionennummerierung
gezeichnet.

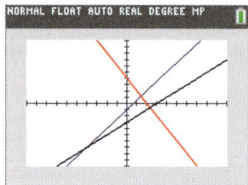

b) Du wechselst mit $[Y =]$ in den Funktioneneditor
und gibst die Funktionen ein. Bei der zweiten Parabel ist es wichtig, die Vorzeichen-Minustaste zu
benutzen.

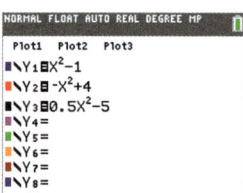

Anschließend benutzt du die Taste $[GRAPH]$, um
die drei Kurven zeichnen zu lassen. Sie werden in
der Reihenfolge der Funktionen gezeichnet.

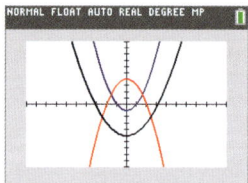

4.2 Einstellen des Grafikfensters

a) Nachdem du den Funktionsterm eingegeben hast,
wechselst du zum Grafikfenster. Die Gerade liegt
zu weit «oben», also muss der Ausschnitt der y-
Werte mit $[WINDOW]$ angepasst werden.

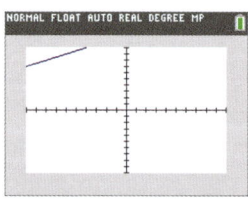

Damit der Schnittpunkt mit der y-Achse sichtbar
wird, kannst du die untere Grenze der y-Werte auf
0 und die obere Grenze auf über 12 setzen.

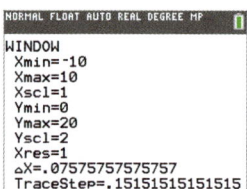

Mit [GRAPH] wechselst du wieder in das Grafikfenster. Es ist nun so angepasst, dass der Schnittpunkt mit der y-Achse sichtbar ist. Benutze [ZOOM] und ZStandard, um das Grafikfenster wieder auf die Standardwerte einzustellen.

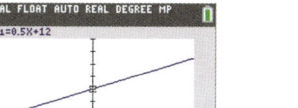

b) Die Gerade liegt zu weit «rechts», so dass der Schnittpunkt mit der x-Achse nicht sichtbar ist. Ensprechend kannst du die untere Grenze der x-Werte über [WINDOW] auf 0 und die obere Grenze auf 20 setzen.

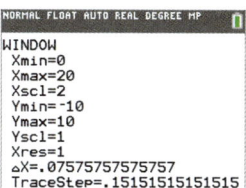

Mit [GRAPH] wechselst du wieder in das Grafikfenster. Es ist nun so angepasst, dass der Schnittpunkt mit der x-Achse sichtbar ist. Benutze [ZOOM] und ZStandard, um das Grafikfenster wieder auf die Standardwerte einzustellen.

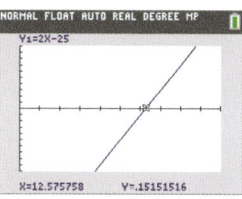

c) Die gesuchte Parabel liegt zu weit «unten», so dass ihr Scheitel und die x-Achsenschnittpunkte nicht sichtbar sind. Ensprechend kannst du die Grenzen der x-Werte auf -15 und 15 und die Grenzen der y-Werte auf -16 und 4 setzen.

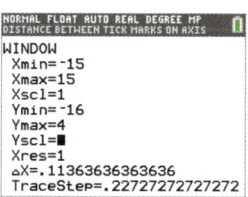

Mit [GRAPH] wechselst du wieder in das Grafikfenster. Es ist nun so angepasst, dass alle gesuchten Punkte sichtbar sind. Benutze [ZOOM] und ZStandard, um das Grafikfenster wieder auf die Standardwerte einzustellen.

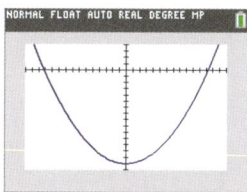

4.3 Die Zoom-Funktion

a) Als erstes gibst du die Geradengleichung im Funktioneneditor ein und zeichnest die Gerade mit [GRAPH].

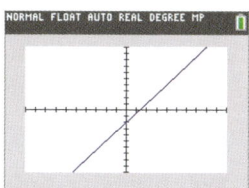

Im Zoom-Fenster wählst du Zoom In, im Grafikfenster blinkt nun das Kreuz im Koordinatenursprung. Da der gesuchte Bereich in der Nähe des Ursprungs liegt, brauchst du das Kreuz nicht zu verschieben.

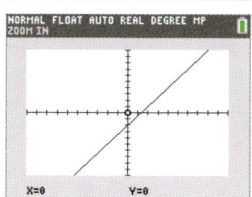

Mit [TRACE] kannst du auf der Geraden bis zu dem gesuchten Punkt wandern.
Der x-Wert lautet also näherungsweise $x \approx 1,33$.

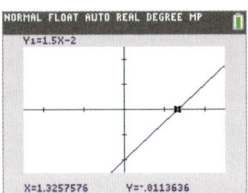

b) Nachdem du die Geradengleichung im Funktioneneditor eingegeben hast, zeichnest du die Gerade mit [GRAPH], wechselst zur Zoom-Funktion und wählst ZBox.

Du bewegst das Kreuz etwas unterhalb der Geraden links von der y-Achse und bestätigst mit [ENTER].

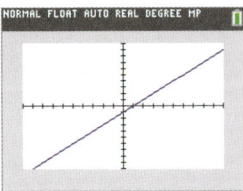

Nun kannst du die Box aufziehen, so dass beide Achsenschnittpunkte in der Box liegen.
Du bestätigst wieder mit [ENTER].

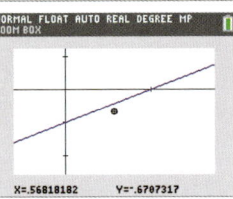

Der gesuchte Bereich ist nun vergrößert.

c) Du gibst die Geradengleichungen im Funktioneneditor ein und zeichnest die Geraden mit [GRAPH]. Anschließend legst du mit [ZOOM] und ZBox eine möglichst kleine Box um den Schnittpunkt der beiden Geraden.

Dazu bewegst du das Kreuz zuerst auf die Position der linken unteren Ecke, drückst [ENTER], anschließend kannst du die Box aufziehen.

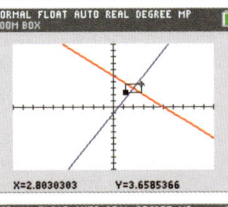

Mit [ENTER] bestätigst du und erhältst den Ausschnitt vergrößert.

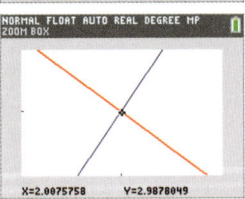

Nun benutzt du [TRACE] um den Schnittpunkt zu bestimmen. Die angezeigten Koordinaten können gerundet werden zu $x \approx 2$ und $y \approx 3$

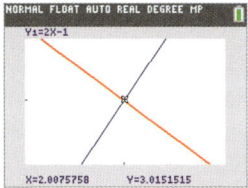

Zum Schluss wird der Schnittpunkt der Geraden «von Hand» ausgerechnet. Gleichsetzen der Terme der Geradengleichungen führt zu:

$$
\begin{aligned}
2x - 1 &= -x + 5 & |+x \\
3x - 1 &= 5 & |+1 \\
3x &= 6 & |:3 \\
x &= 2 &
\end{aligned}
$$

Die grafisch bestimmte Lösung hat die genaue Lösung also gut angenähert.

4.4 Wertetabellen

a) Du gibst die Funktion im Funktioneneditor ein, anschließend wechselst du direkt zu ^{2nd} [TBLSET] und gibst den angegebenen Startwert ein. Die Schrittweite änderst du, falls das nötig ist.

Mit ^{2nd} [TABLE] wechselst du wieder in das Tabellenfenster, mit [▼] kannst du nach unten blättern.

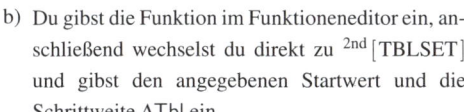

b) Du gibst die Funktion im Funktioneneditor ein, anschließend wechselst du direkt zu ^{2nd} [TBLSET] und gibst den angegebenen Startwert und die Schrittweite ΔTbl ein.

Mit ^{2nd} [TABLE] wechselst du wieder in das Tabellenfenster, mit [▼] kannst du nach unten blättern.

4.6 Funktionswerte berechnen

a) Du gibst die Funktion im Funktioneneditor ein und rufst im Calc-Menü ^{2nd}[CALC] $\to$ value auf.

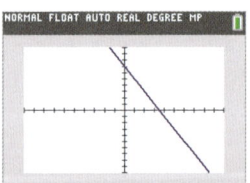

Anschließend gibst du den Wert -6 ein und erhältst den Funktionswert $y = 19$.

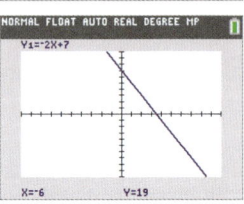

b) Du gibst die Funktion im Funktioneneditor ein. Die Standardeinstellung der x-Werte ist -10 bis 10, also musst du zuerst die obere Grenze der x-Werte ändern.

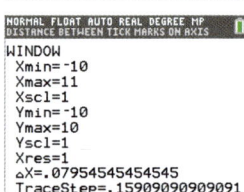

Du setzt die obere Grenze mit [WINDOW] auf mindestens 11 und rufst im Calc-Menü ^{2nd}[CALC] die Funktion value auf.

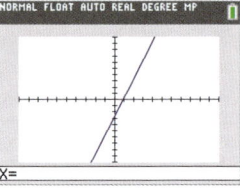

Anschließend gibst du den Wert 11 ein und erhältst den Funktionswert $y = 30,5$.

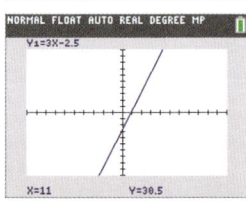

4.7 Nullstellen berechnen

a) Zuerst gibst du die Funktion im Funktioneneditor ein. Dann wechselst du in das Calc-Menü mit ^{2nd}[CALC]. Die Eingabe von zero führt zur Nullstellenberechnung.

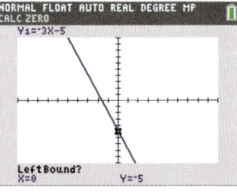

Du wählst die linke und die rechte Grenze, bestätigst Guess mit [ENTER] und erhältst die Nullstelle $x \approx -1,67$.

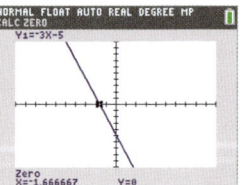

Um das Ergebnis in einen Bruch umzuwandeln, verlässt du das Grafikfenster mit ^{2nd}[QUIT] und gibst [MATH], anschließend Frac ein. Die Nullstelle liegt also bei $x = -\frac{5}{3}$.

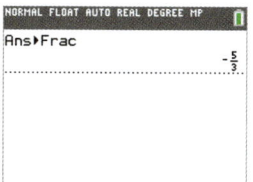

b) Du gibst die Funktion ein und wählst die Nullstellenberechnung wie in der vorangegangenen Aufgabe. Die Nullstelle ist nicht im Anzeigebereich des Grafikfensters, also muss die obere Grenze der x-Werte geändert werden.

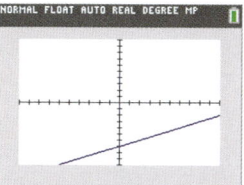

Du setzt die obere Grenze mit [WINDOW] auf z.B. 20 und rufst die Nullstellenberechnung wieder auf. Nun kannst du diese berechnen.

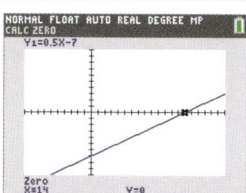

c) Du gibst den Funktionsterm der Parabel ein und wählst die Nullstellenberechnung wie in den vorangegangenen Aufgaben. Der Graph hat zwei Nullstellen.

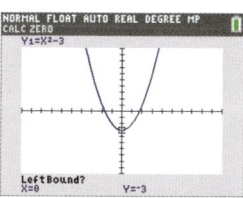

Du bestimmst die Nullstellen einzeln. Die erste Nullstelle ist $x_1 \approx -1,73$, die zweite Nullstelle ist $x_2 \approx 1,73$.

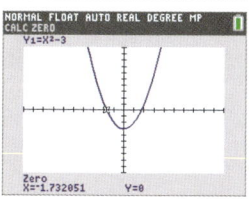

4.8 Schnittpunkte berechnen

a) Zuerst gibst du die Funktionen im Funktioneneditor ein, wechselst mit ^{2nd}[CALC] in das Calc-Menü und rufst intersect auf. Du bestätigst die beiden Graphen mit [ENTER], wählst einen x-Wert in der Nähe des Schnittpunkts und bestätigst auch hier mit [ENTER].

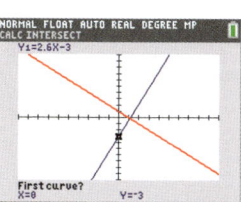

Der Schnittpunkt ist $S(1,11 \mid -0,11)$. Um das Ergebnis in einen Bruch umzuwandeln, musst du zuerst das Grafikfenster mit ^{2nd}[QUIT] verlassen.

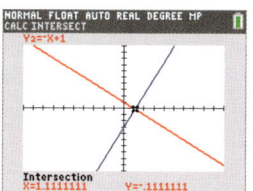

Notiz-Rand

Mit Hilfe von [MATH] und Frac wandelst du den x-Wert in einen Bruch um und erhältst $x = \frac{10}{9}$.

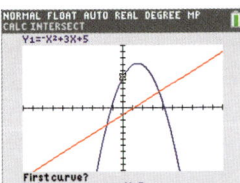

Um auch den y-Wert in Bruchdarstellung zu erhalten, musst du ihn zuerst durch Einsetzen in eine der Geradengleichungen berechnen und dann mit Frac umwandeln.

Damit ist S $\left(\frac{10}{9} \mid -\frac{1}{9}\right)$ der Schnittpunkt.

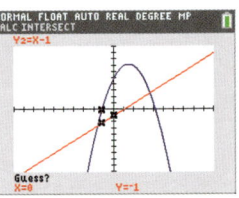

b) Zuerst gibst du die Funktionen im Funktioneneditor ein, wechselst mit ^{2nd} [CALC] in das Calc-Menü und rufst intersect auf.

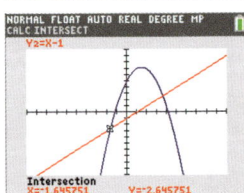

Du bestätigst beide Graphen mit [ENTER], wählst einen x-Wert in der Nähe des linken Schnittpunkts und bestätigst mit [ENTER].

Beispielsweise für den Guess-Wert $x = 0$ erhältst du den linken Schnittpunkt $S_1(-1,65 \mid -2,65)$. Für einen Guess-Wert wie $x = 3$ ergibt sich der rechte Schnittpunkt mit $S_2(3,65 \mid 2,65)$.

5   Funktionen untersuchen – Teil 2

5.1   Extrempunkte berechnen

Um die Extremstellen einer Funktion bzw. Extrempunkte einer Kurve im Grafikfenster zu ermitteln, wird das Calc-Menü benutzt: Dabei bestimmst du die Minima mit $^{2\text{nd}}$[CALC] $\rightarrow$ minimum und die Maxima mit $^{2\text{nd}}$[CALC] $\rightarrow$ maximum.

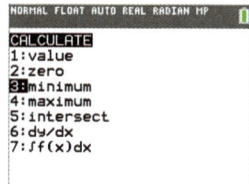

Beispiel

Gesucht sind die Extrempunkte des Graphen zur Funktion $f(x) = -x^3 + 4x + 2$.

Zuerst gibst du die Funktion im Funktioneneditor ein. Nun wechselst du mit [GRAPH] in das Grafikfenster. Die Eingabe von $^{2\text{nd}}$[CALC] $\rightarrow$ minimum führt zur Anzeige der Minimumsberechnung.

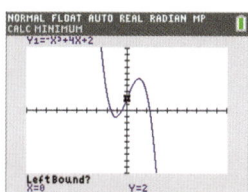

Eine linke Grenze kannst du direkt als Zahl eingeben, oder du bewegst den Cursor mit [◄] nach links. Nun bestätigst du mit [ENTER] und gibst eine rechte Grenze analog ein. Dabei sollten beide Grenzen nicht zu weit vom Minimum entfernt sein, da die Berechnung sonst lange dauern kann.

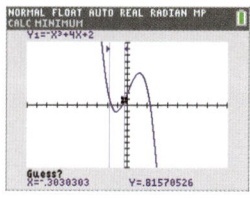

Den vorgeschlagenen Wert bei Guess kannst du übernehmen, nach der Eingabe von [ENTER] wird das Minimum angezeigt: $x \approx -1,15$. Das Maximum erhältst du auf die gleiche Weise, es liegt bei $x \approx 1,15$.
Also ist $T(-1,15 \,|\, -1,08)$ der Tiefpunkt und $T(1,15 \,|\, 5,08)$ der Hochpunkt.

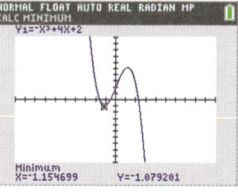

- Der am Ende der Berechnung der Extrempunkte rechts angezeigte Wert ist der y-Wert des Tief- bzw. Hochpunktes.

- Wenn im Grafikfenster mehrere Graphen angezeigt werden, kannst du den Graph, dessen Extrempunkte du bestimmen willst, mit [▲] und [▼] auswählen.

! Der GTR berechnet die Extremstellen numerisch, d.h. alle Ergebnisse sind nur Näherungswerte. Daher können sich die Ergebnisse von zwei Taschenrechnern manchmal um kleine Werte unterscheiden, in der Regel aber erst in der 3. oder 4. Stelle hinter dem Komma.

! Liegt die Extremstelle genau bei $x = 0$, kann es durch die näherungsweise Berechnung zu «merkwürdigen» Ergebnissen kommen. Im Bild rechts wurde das Minimum der Funktion $f(x) = x^2 - 3$ bestimmt. Dieses liegt bei $x = 0$, wie man direkt sehen kann, da es sich um eine verschobene Normalparabel handelt. Durch die numerische Berechnung liefert der GTR das Ergebnis $x \approx -4,793 \cdot 10^{-7}$ oder eine ähnlich kleine Zahl. Dieses Ergebnis kann man zu $x = 0$ abrunden.

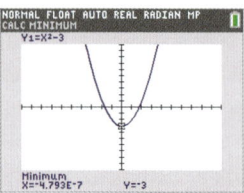

! Der GTR bestimmt immer das Minimum, d.h. den kleinsten Funktionswert *innerhalb der angegebenen Grenzen.* Auch wenn also die Grenzen nicht links und rechts des lokalen Minimums gewählt werden, wird der kleinste Wert innerhalb der Grenzen angeben.

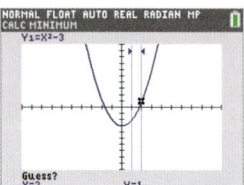

Im Beispiel rechts ist die linke Grenze $x = 1$ und die rechte Grenze $x = 2$. Entsprechend wird die linke Grenze als Minimum angegeben.

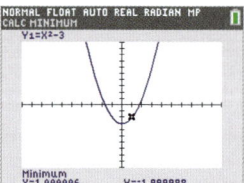

Übungen

Bestimme alle Hoch- und Tiefpunkte der folgenden Funktionen:

a) $f(x) = x^2 + x - 3$

b) $f(x) = 0,05x^3 - 6x + 2$

5.2 Ableitungsgraph zeichnen

- Mit dem GTR ist es nicht möglich, die Gleichung der Ableitungsfunktion zu bestimmen. Allerdings kannst du mit Hilfe des Geräts den Ableitungsgraph einer Funktion zeichnen.

- Um den Ableitungsgraph einer Funktion zu zeichnen, benötigt man den Ableitungsbefehl nDeriv, den du mit [MATH] → nDeriv erhältst.
  Mit diesem Befehl kannst du im Funktioneneditor die Ableitungsfunktion definieren.

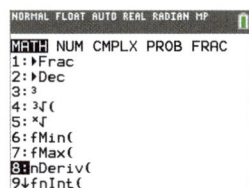

Beispiel

Es soll der Graph der Ableitung der Funktion $f(x) = -x^3 + 3x + 5$ gezeichnet werden.

Zuerst gibst du die Funktion $f(x)$ ein. Nun gibst du bei Y2 den Ableitungsbefehl ein mit: [MATH] → nDeriv. Im Nenner gibst du [X] ein, die Funkion Y1 über das Schnelltastenmenü mit ^{A}[F4]. Zum Schluss gibst du rechts ein weiteres Mal [X] ein, da die Ableitung für alle x-Werte gesucht ist.*

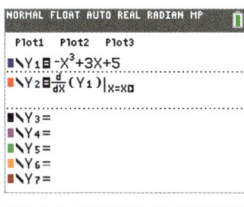

Im Grafikfenster wird nun zuerst die Kurve der Funktion (blau) und dann die ihrer Ableitung (rot) gezeichnet.

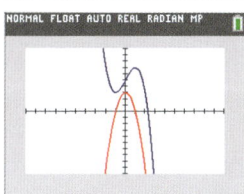

- Du kannst alle Berechnungen des Calc-Menüs auch an der Ableitung durchführen, also Nullstellen oder Extremwerte berechnen.

- Mit [TRACE] prüfst du, welche Kurve zur Funktion und welche zur Ableitung gehört.

- Bei komplizierteren Funktionen kann das Zeichnen der Ableitung recht lange dauern. Du kannst dies beschleunigen, indem du in [WINDOW] den Wert von Xres von 1 auf 2 setzt.

- Zwischen Funktions- und Ableitungskurve wechselst du im Grafikfenster mit [▲] und [▼].

- Dauert das Zeichnen der Ableitungskurve zu lange, kannst du mit ^{2nd}[OFF] abbrechen.

- Du kannst den Ableitungsbefehl nDeriv auch mit dem Schnelltastenmenü ^{A}[F2] aufrufen.

- Du kannst die Funktion Y1 auch mit [VARS] → Y-VARS → Function → Y1 eingeben.

Übungen

a) Zeichne den Graph der Ableitungsfunktion von $f(x) = x^2 + 3x - 5$.

b) Zeichne den Graph der Ableitungsfunktion von $f(x) = 0,01x^3 - 0,8x + 5$.

---

*Bei älteren Betriebssystemversionen und beim TI-83 Plus gibst du ein: nDeriv(Y1, X, X). Die Eingabereihenfolge ist:«Abzuleitende Funktion, Ableitungsvariable, Wert für den die Ableitung gebildet werden soll». Da die Ableitung für «alle X» gesucht ist, wird zum Schluss «X» eingegeben.

5.3 Wendepunkte berechnen

Die Wendestellen einer Funktion lassen sich nicht direkt bestimmen. Du kannst aber die Extremstellen der ersten Ableitung bestimmen. An einem Maximum oder Minimum der ersten Ableitung besitzt die Funktion eine Wendestelle. Du zeichnest also zuerst die Ableitungskurve und berechnest dann ihre Extremstellen.

Beispiel

Gesucht ist der Wendepunkt des Funktiongraphen von $f(x) = -x^3 + 3x^2 + 3$.

Zuerst gibst du die Funktion bei Y1 ein. Nun fügst du bei Y2 den Ableitungsbefehl ein mit nDeriv über das Schnelltastenmenü ^{A}[F2], dann [X] und Y1; auch über das Schnelltastenmenü mit ^{A}[F4].*

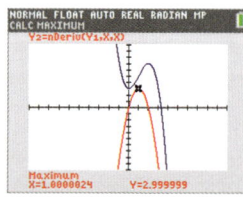

Jetzt wechselst du mit [GRAPH] in das Grafikfenster. Die Eingabe von ^{2nd}[CALC] $\rightarrow$ maximum führt zur Anzeige der Maximumsberechnung.
Wichtig: Zuerst musst du mit [▼] auf die Ableitungskurve wechseln. Du gibst die beiden Grenzen ein und erhältst für das Maximum den Wert $x \approx 1$.

Wichtig: Der nun rechts angezeigte Wert ist **nicht** der y-Wert des Wendepunktes, sondern der zugehörige Funktionswert der Ableitung. Um den y-Wert des Wendepunktes zu bestimmen benutzt du ^{2nd}[CALC] $\rightarrow$ value. Der Wendepunkt liegt also bei (1 | 5), wie rechts gezeigt.

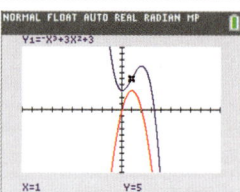

- Zwischen Funktions- und Ableitungskurve kannst du mit [▲] und [▼] wechseln.

! Der GTR berechnet die Extremstellen numerisch, d.h. alle Ergebnisse sind nur Näherungswerte. Daher können sich die Ergebnisse von zwei Taschenrechnern manchmal um kleine Werte unterscheiden, in der Regel aber erst in der 3. oder 4. Stelle hinter dem Komma.

! Liegt die Extremstelle der Ableitung genau bei $x = 0$, so kann es durch die näherungsweise Berechnung zu «merkwürdigen» Ergebnissen kommen, wie in den vorangehenden Kapiteln bereits beschrieben.

Übungen

a) Bestimme den Wendepunkt des Graphen zur Funktion $f(x) = x^3 - 4x^2 + 2x + 4$.

b) Bestimme den Wendepunkt des Graphen zur Funktion $f(x) = \frac{1}{3}x^3 - \frac{13}{3}x^2 + x - 1$.

---

*Bei älteren Betriebssystemversionen und beim TI-83 Plus gibst du ein: nDeriv(Y1, X, X). Die Eingabereihenfolge ist:«Abzuleitende Funktion, Ableitungsvariable, Wert für den die Ableitung gebildet werden soll». Da die Ableitung für «alle X» gesucht ist, wird zum Schluss «X» eingegeben.

Notiz-Rand

5.4 Integrale – Flächenberechnung

Mit Hilfe des GTR ist es möglich, die Fläche unter einer Kurve zu bestimmen. Dazu wird das Calc-Menü benutzt: ^{2nd}[CALC] $\rightarrow \int f(x)\,dx$

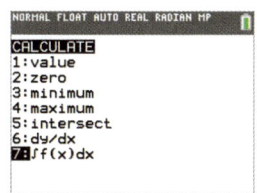

Beispiel 1 – Fläche unter der Kurve

Gesucht ist die Fläche zwischen dem Graphen der Funktion $f(x) = 0,25 \cdot x^2$ und der x-Achse im Intervall $[3;5]$.

Zuerst gibst du die Funktion im Funktioneneditor ein. Dabei gehst du vor wie in den vorangegangenen Beispielen. Dann wechselst du mit [GRAPH] in das Grafikfenster. Die Eingabe von ^{2nd}[CALC] $\rightarrow \int f(x)\,dx$ führt zur Anzeige der Integralberechnung.

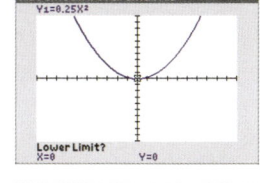

Die untere und obere Grenze gibst du als Zahl ein und schließt die Eingaben mit [ENTER] ab.
Die Fläche wird nun unten im Grafikfenster angezeigt, der Flächeninhalt beträgt also etwa $8,17\,\text{FE}$.

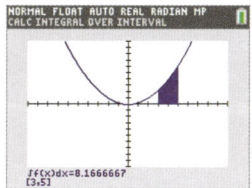

Beispiel 2 – Kurve unter und über der *x*-Achse

Gesucht ist die Fläche, die vom Graphen der Funktion $f(x) = x^3 + x^2 - 6x$ und der x-Achse eingeschlossen wird.

Zuerst gibst du die Funktion im Funktioneneditor ein. Nun wechselst du mit [GRAPH] in das Grafikfenster. Zuerst bestimmst du mit ^{2nd}[CALC] $\rightarrow$ zero die Integrationsgrenzen, d.h. die Nullstellen der Funktion: $x_1 = -3$, $x_2 = 0$ und $x_3 = 2$

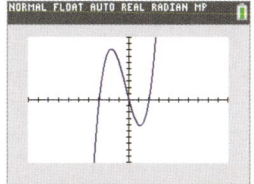

Die Funktion verläuft teilweise unterhalb und teilweise oberhalb der x-Achse, daher musst du die Teilflächen getrennt integrieren. Mit ^{2nd}[CALC] $\rightarrow \int f(x)\,dx$ rufst du den Integralbefehl auf, gibst -3 bzw. 0 als untere bzw. obere Grenze ein und schließt die Eingaben jeweils mit [ENTER] ab.

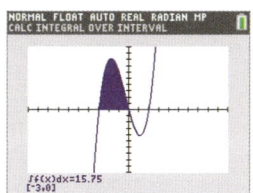

Das zweite Integral wird auf die gleiche Art berechnet. Achtung: Das angezeigte Integral besitzt ein negatives Vorzeichen, da die Kurve unterhalb der x-Achse verläuft. Um die Gesamtfläche zu berechnen, addierst du die Beträge der beiden Ergebnisse und erhälst ca. $21,08$ FE.

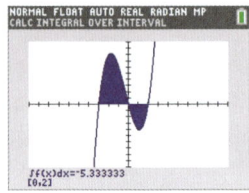

Beispiel 3 – Fläche zwischen zwei Kurven

Gesucht ist die Fläche, die von den Graphen der beiden Funktionen $f(x) = x^3 + x^2 - 6x$ und $g(x) = -0,2x^2 + 3$ eingeschlossen wird.

Zuerst gibst du die Funktionen im Funktioneneditor ein. Dann wechselst du mit $[\text{GRAPH}]$ in das Grafikfenster. Nun bestimmst du mit $^{2nd}[\text{CALC}] \rightarrow$ intersect die Integrationsgrenzen, d.h. alle Schnittstellen der beiden Kurven.

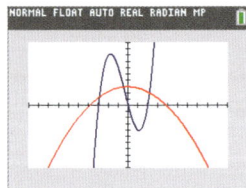

Hier ist es sinnvoll, die x-Werte der Schnittstellen als Variablen zu speichern. Dazu verlässt du das Grafikfenster zuerst mit $^{2nd}[\text{QUIT}]$ und speicherst die Schnittstellen mit $[\text{STO} \Rightarrow]$ und $^A[A]$, $^A[B]$ bzw. $^A[C]$.

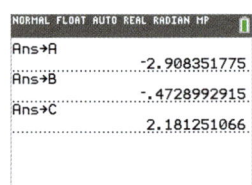

Nun wird die Differenzfunktion gebildet. Die Funktionen Y1 und Y2 fügst du im Funktioneneditor mit $^A[F4]$ ein. Damit das Grafikfenster nicht zu unübersichtlich wird, blendest du die Graphen der beiden oberen Funktionen aus, indem du auf das Gleichheitszeichen gehst und $[\text{ENTER}]$ drückst.

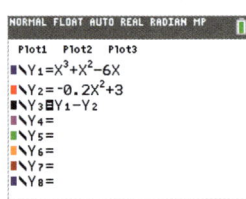

Die Kurve der Differenzfunktion wird nun in zwei Schritten im Grafikeditor integriert. Die Integrationsgrenzen sind die vorher bestimmten Schnittstellen, die du als Variablen abgespeichert hast: Mit $^{2nd}[\text{CALC}] \rightarrow \int f(x)\,dx$ rufst du den Integralbefehl auf und gibst $^A[A]$ bzw. $^A[B]$ als untere bzw. obere Grenze ein.

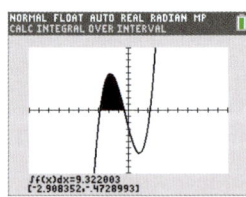

Das zweite Integral wird nun in den Grenzen von $^A[B]$ und $^A[C]$ bestimmt. Es besitzt ein negatives Vorzeichen, da die Kurve unterhalb der x-Achse verläuft. Zum Schluss werden die Beträge der beiden Ergebnisse addiert. Der gesamte Flächeninhalt beträgt also ca. $21,05$ FE.

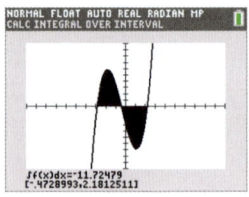

Notiz-Rand

- Nach dem Ende der Integralberechnung bleibt die Fläche unter der Kurve schwarz. Um die Kurve neu zeichnen zu lassen, wählst du ^{2nd} [DRAW] → ClrDraw.

- Wenn im Grafikfenster mehrere Funktionsgraphen angezeigt werden, kannst du den Graphen, bei dem du die Berechnung durchführen willst, mit [▲] und [▼] auswählen.

! Der GTR berechnet die Fläche numerisch, d.h. alle Ergebnisse sind nur Näherungswerte. Daher können sich die Ergebnisse von zwei Taschenrechnern manchmal um kleine Werte unterscheiden, in der Regel aber erst in der 3. oder 4. Stelle hinter dem Komma.

- Eine weitere Möglichkeit, um Flächen mit positiv und negativ orientiertem Flächeninhalt zu berechnen, ist die Verwendung des Betrag-Befehls, mit [MATH] → NUM → abs. Auf diese Weise wird der Betrag der Funktion benutzt, d.h. statt $Y1 = f(x)$ gibst du $Y1 = abs(f(x))$ in den Funktioneneditor ein.

Übungen

a) Bestimme die Fläche, die vom Graphen der Funktion $f(x) = \frac{1}{2}x^2 + x + 2$, der Geraden $x = -3$ und der y-Achse begrenzt wird.

b) Bestimme die Fläche, die vom Graphen der Funktion $f(x) - -x^3 + x^2 + 4x - 3$ und der x-Achse eingeschlossen wird.

c) Bestimme die Fläche, die von den Graphen der beiden Funktion $f(x) = -x^2 - 3x + 1$ und $g(x) = \frac{1}{2}x^2 - 3$ eingeschlossen wird.

5.5 Stammfunktionen zeichnen

- Mit dem GTR ist es nicht möglich, den Funktionsterm einer Stammfunktion zu bestimmen. Wie bei der Ableitung ist es aber möglich, eine Stammfunktionskurve zu zeichnen.

- Um den Graphen der Stammfunktion einer Funktion zu zeichnen, benötigst du den Integrationsbefehl fnInt, den du mit [MATH] → fnInt(erhältst. Mit diesem Befehl kannst du im Funktioneneditor die Stammfunktion definieren.

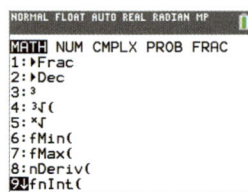

Beispiel

Es soll der Graph der Stammfunktion mit $F(0) = 0$ von $f(x) = 0,25x^2 - 3$ gezeichnet werden.

Zuerst gibst du die Funktion $f(x)$ im Funktioneneditor ein. Nun gibst du bei Y2 den Integrationsbefehl ein mit [MATH] → fnInt und anschließend die untere Grenze 0, die obere Grenze X und zum Schluss Y1 mit ^{A}[F4].*

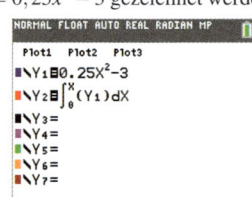

Im Grafikfenster wird nun zuerst der Graph der Ausgangsfunktion (Parabel) und dann der Graph der zugehörigen Stammfunktion («x^3-Kurve») gezeichnet.

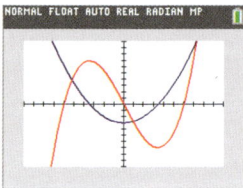

- Es wird nur der Graph *einer* bestimmten Stammfunktion gezeichnet und zwar derjenige mit $F(0) = 0$.

- Du kannst alle Berechnungen des Calc-Menüs auch an der Stammfunktion durchführen, also z.B. Nullstellen oder Extremwerte berechnen.

- Es dauert oft sehr lange, bis der Graph der Stammfunktion gezeichnet ist. Du kannst das Zeichnen beschleunigen, indem du in [WINDOW] den Wert von Xres von 1 auf 2 setzt.

- Zwischen Funktions- und Stammfunktionskurve wechselst du mit [▲] und [▼].

- Du kannst den Integrationsbefehl fnInt(auch mit dem Schnelltastenmenü ^{A}[F2] aufrufen.

- Du kannst die Funktion Y1 auch mit dem Schnelltastenmenü ^{A}[F4] aufrufen.

Übungen

a) Zeichne den Graphen der Stammfunktion zur Funktion $f(x) = 0,9x - 4$ mit $F(0) = 0$.

b) Zeichne den Graphen der Stammfunktion zur Funktion $f(x) = x^2 - x - 3$ mit $F(0) = 0$.

---

*Bei älteren Betriebssystemversionen und beim TI-83 Plus gibst du ein: fnInt(Y1, X, 0, X). Die Eingabereihenfolge ist: «Zu integrierende Funktion, Integrationsvariable, untere Grenze, obere Grenze».

Notiz-Rand

5.6   Kurvenscharen

Mit dem GTR kannst du Kurvenscharen zeichnen. Es gibt verschiedene Möglichkeiten:

1. Du gibst die Parameterwerte in geschweiften Klammern im Funktioneneditor ein.

2. Du gibst die einzelnen Funktionen im Funktioneneditor für Y1, Y2, Y3 usw. ein. Diese Methode hat den Vorteil, dass sichtbar ist, welche Kurve zu welchem Parameter gehört.

Beispiel mit Klammern

Es sollen die Kurven der Funktionschar $f_a(x) = 0,2 \cdot a \cdot x^2 + a$ für $a = 1;\ 2;\ 3$ gezeichnet werden.

Du gibst die Funktion im Funktioneneditor ein: An der Stelle des Parameters a gibst du die gewünschten Werte durch $[\,,]$ getrennt in geschweiften Klammern $^{2nd}[\{]$ und $^{2nd}[\}]$ ein.

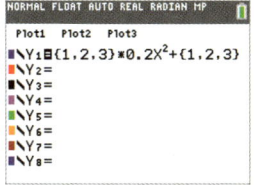

Im Grafikfenster werden nun die Graphen der Funktionenschar angezeigt, allerdings kannst du im Nachhinein nicht mehr feststellen, welcher Graph zu welchem Parameterwert gehört. Diese Methode eignet sich vor allem, um Aussagen über das «Scharverhalten» zu machen.

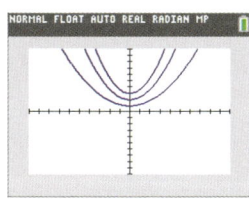

Beispiel mit einzelnen Funktionen

Es soll die Kurvenschar der Funktion $f_a(x) = 0,2 \cdot a \cdot x^2 + a$ für $a = 1;\ 2;\ 3$ gezeichnet werden.

Du gibst die Funktion im Funktioneneditor ein. Für jeden Wert des Parameters a legst du eine neue Funktion an.

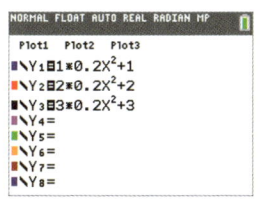

Im Grafikfenster werden nun die Graphen der Funktionenschar angezeigt. Hier ist auch im Nachhinein noch klar, welcher Graph zu welchem Parameterwert gehört. Dies ist hilfreich, wenn du untersuchen willst, wie die Werte des Parameters die Kurven beeinflussen.

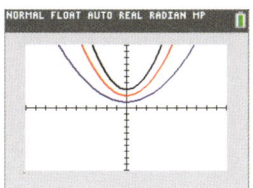

Übungen

a) Zeichne die Kurven der Funktionenschar $f_t(x) = t \cdot x^2 + t + 1$ für $t = -1;\ -0,5;\ 0;\ 0,5;\ 1$.

b) Zeichne die Kurven der Funktionenschar $f_a(x) = \sqrt{a} \cdot x^2 - 2ax - a$ für $a = 1;\ 2;\ 3$.

5.7 Tangenten

Um eine Tangente an eine Kurve zu legen, benötigst
du den Befehl Tangent, den du mit $^{2nd}[DRAW] \rightarrow$
Tangent erhältst.

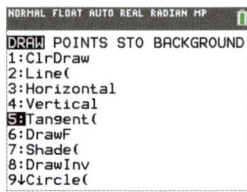

Beispiel

Es soll in $(3\,|\,2,8)$ eine Tangente an den Funktionsgraphen von $f(x) = 0,2 \cdot x^2 + 1$ gelegt werden.

Du gibst die Funktion im Funktioneneditor ein, anschließend wechselst du mit $[GRAPH]$ in das Grafikfenster
und rufst mit $^{2nd}[DRAW] \rightarrow$ Tangent(die Tangentenfunktion auf.

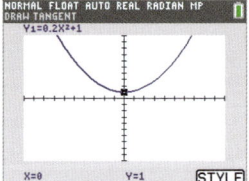

Nun gibst du den gewünschten x-Wert ein und schließt
die Eingabe mit $[ENTER]$ ab.
Die gesuchte Tangente hat damit die Geradengleichung
$y = 1,2x - 0,8$.

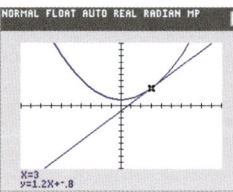

Übungen

a) Bestimme die Gleichung der Tangente in $(-4\,|\,4,2)$ an den Funktionsgraphen von
$f(x) = 0,2 \cdot x^2 + 1$.

b) Bestimme die Gleichung der Wendetangente des Graphen zur Funktion
$f(x) = -x^3 + 2x^2 + 4$.

Notiz-Rand

5.8 Regression

Mit Hilfe der Regressionsfunktion des Rechners ist es möglich, verschiedene Kurventypen so an gegebene Werte anzupassen, dass die Abweichung dieser Kurven von den angegebenen Werten möglichst gering ist.
Die wichtigsten Regressionsfunktionen sind:

```
NORMAL FLOAT AUTO REAL DEGREE MP
EDIT CALC TESTS
1:1-Var Stats
2:2-Var Stats
3:Med-Med
4:LinReg(ax+b)
5:QuadReg
6:CubicReg
7:QuartReg
8:LinReg(a+bx)
9↓LnReg
```

LinReg	$y = ax + b$	Anpassen einer Geraden
QuadReg	$y = ax^2 + bx + c$	Anpassen einer Parabel
ExpReg	$y = a + b^x$	Anpassen einer Exponentialkurve

Die Regressionsfunktionen rufst du mit [STAT] → CALC auf; vorher müssen jedoch die Daten in zwei Listen eingegeben werden.

Beispiel

Es soll eine quadratische Funktion bestimmt werden, die die Punkte $(-2 \mid 3)$, $(-1 \mid 0,7)$, $(0 \mid 0)$,

$(1 \mid 0,7)$ und $(2 \mid 3)$ möglichst gut approximiert (d.h. angenähert). Zuerst gibst du die x- und y-Werte der Punkte in zwei Listen über [STAT] → Edit ein. Von L1 zu L2 kannst du mit den Cursor-Tasten gelangen.

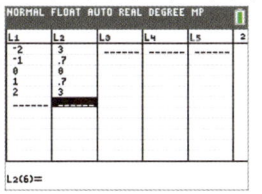

Anschließend rufst du mit [STAT] → Calc → QuadReg die quadratische Regression auf. Die Listen werden mit ^{2nd}[L$_1$] und ^{2nd}[L$_2$] aufgerufen und durch ein Komma getrennt eingegeben. (Wenn alle sonstigen Listen leer sind, kann dieser Schritt entfallen.)

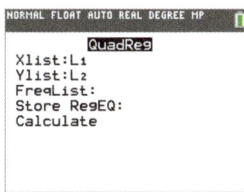

Der Funktionsterm der gesuchten Näherungsfunktion lautet damit: $f(x) = 0,76x^2 - 0,034$.

- Einzelne Listeneinträge werden mit [DEL] gelöscht.
- Um die Listen zu löschen, wählst du [STAT] → ClrList und dann ^{2nd}[L$_1$], ^{2nd}[L$_2$].
- Ein Ergebnis der Form $y = a + b^x$ kann mit der Formel $b^x = e^{\ln b \cdot x}$ in eine e-Funktion umgerechnet werden.
- Es gibt weitere Regressionsfunktionen, wie z.B. Sinuskurven oder logistisches Wachstum.

Übungen

Die folgenden Punkte sind gegeben: $(0 \mid 1)$, $(1 \mid 2)$, $(2 \mid 3)$ und $(4 \mid 6)$.
Bestimme a) eine lineare Regressionsfunktion, b) eine quadratische Regressionsfunktion und c) eine exponentielle Regressionsfunktion.

Lösungen

5.1 Extrempunkte berechnen

a) Du gibst die Funktion im Funktioneneditor ein und zeichnest zuerst den Graph mit [GRAPH]. Die Kurve besitzt einen Tiefpunkt, daher wechselst du in das Calc-Menü, um das Minimum mit minimum zu berechnen.

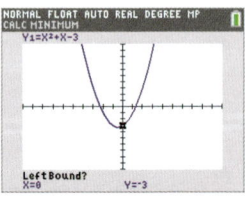

Du wählst die linke und rechte Grenze, übernimmst den Wert bei Guess und bestätigst mit [ENTER]. Durch die numerische Berechnung liefert der GTR das Ergebnis $x \approx -0,499995$ oder eine ähnliche Zahl. Runden ergibt $x = -0,5$.

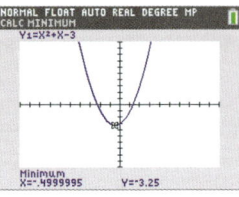

Der Tiefpunkt hat damit die Koordinaten $T(-0,5 \mid -3,25)$. Da es sich um eine quadratische Funktion handelt, gibt es nur einen Extrempunkt.

b) Du gibst die Funktion im Funktioneneditor ein und zeichnest zuerst den Graph mit [GRAPH]. Die Extrempunkte sind in der Standardeinstellung nicht gut sichtbar, daher musst du zuerst das Grafikfenster mit [WINDOW] oder [ZOOM] anpassen.

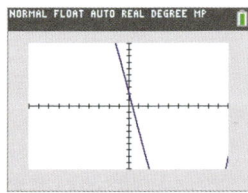

Mit Xmin $= -20$ und Xmax $= 20$, Ymin $= -30$ und Ymax $= 30$ sowie Xscl $= 2$ und Yscl $= 3$ wird die Kurve gut dargestellt.

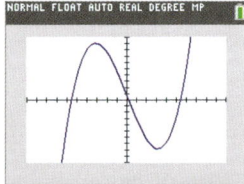

Im Calc-Menü kannst du die beiden Extrempunkte der Kurve mit maximum und minimum bestimmen. Gerundet ergeben sich:
$H(-6,33 \mid 27,30)$ für den Hochpunkt und
$T(6,33 \mid -23,30)$ für den Tiefpunkt.

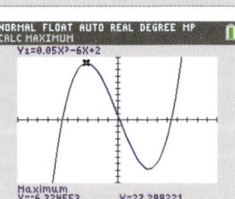

5.2 Ableitungsgraph zeichnen

a) Zuerst gibst du die Funktion im Funktioneneditor ein.
Nun gibst du bei Y2 $=$ den Ableitungsbefehl ein mit: [MATH] $\rightarrow$ nDeriv und anschließend [X] und [VARS] $\rightarrow$ Y-VARS $\rightarrow$ Function $\rightarrow$ Y1 (bzw. mit ^{A}[F4] und Y1).

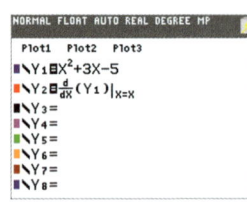

Mit [GRAPH] kannst du nun den Graph der Funktion und den Graph der Ableitung zeichnen lassen. Mit [TRACE] prüfst du, welche Kurve zur Funktion und welche zur Ableitung gehört; in dieser Aufgabe ist es allerdings klar ersichtlich.

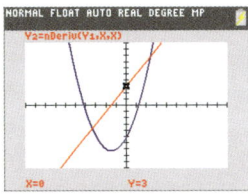

b) Zuerst gibst du die Funktion im Funktioneditor ein.

Nun gibst du bei Y2 = den Ableitungsbefehl ein mit: [MATH] $\rightarrow$ nDeriv und anschließend [X] und [VARS] $\rightarrow$ Y-VARS $\rightarrow$ Function $\rightarrow$ Y1(bzw. mit ^{A}[F4] und Y1) und zum Schluss nochmals [X].

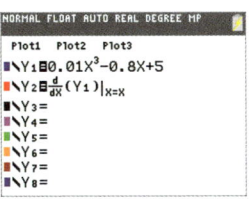

Mit [GRAPH] kannst du nun den Graph der Funktion und den Graph der Ableitung zeichen lassen. Mit [TRACE] prüfst du, welche Kurve zur Funktion und welche zur Ableitung gehört.

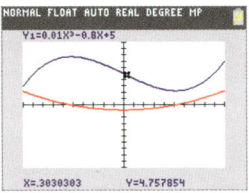

5.3 Wendepunkte berechnen

a) Zuerst gibst du die Funktion im Funktioneneditor ein. Dann gibst du in der zweiten Zeile für Y2 die Ableitung ein mit [MATH] $\rightarrow$ nDeriv und dann [X] und [VARS] $\rightarrow$ Y-VARS $\rightarrow$ Function $\rightarrow$ Y1 (bzw. mit ^{A}[F4] und Y1)

Nun lässt du die Graphen zeichnen mit [GRAPH].

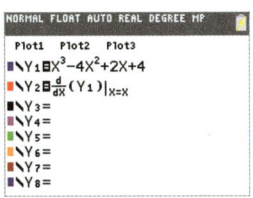

Den Wendepunkt des Graphen zu $f(x)$ bestimmst du über den Tiefpunkt der zugehörigen Ableitungskurve über ^{2nd}[CALC] $\rightarrow$ minimum. **Wichtig:** Bevor du die Grenzen eingibst, wechselst du mit [▼] auf die Kurve der Ableitungsfunktion. Der x-Wert des Wendepunktes ist also $x \approx 1,33$.

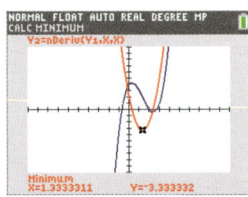

Den y-Wert bestimmst du mit ^{2nd}[CALC] $\rightarrow$ value. Um das Ergebnis einzugeben, kannst du ^{2nd}[ANS] benutzen. Achte darauf, dass der «richtige» Funktionswert angezeigt wird. Der Wendepunkt liegt also bei etwa W$(1,33 \mid 1,93)$.

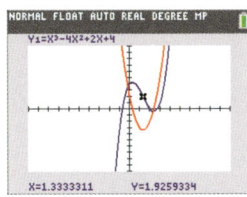

b) Zuerst gibst du die Funktion im Funktioneneditor ein. Dann gibst du in der zweiten Zeile für Y2 die Ableitung ein mit [MATH] $\rightarrow$ nDeriv und dann [X] und [VARS] $\rightarrow$ Y-VARS $\rightarrow$ Function $\rightarrow$ Y1 (bzw. mit ^{A}[F4] und Y1)

Nun lässt du den Graphen zeichnen mit [GRAPH].

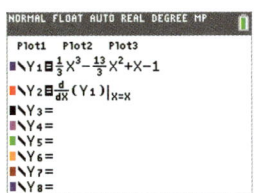

Notiz-Rand

Das Anzeigefenster sollte angepasst werden, auch wenn die Wendepunktsbestimmung auch so möglich wäre. Werte für das Anzeigefenster sind z.B.: Xmin $= -10$ und Xmax $= 20$, Ymin $= -100$ und Ymax $= 50$ sowie Xscl $= 2$ und Yscl $= 15$.

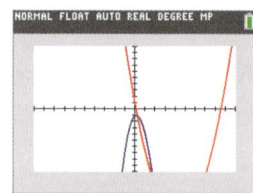

Nun kannst du den Tiefpunkt der Ableitungskurve mit ^{2nd} [CALC] $\rightarrow$ minimum bestimmen.
Wichtig: Bevor du die Grenzen eingibst, wechselst du mit [▼] auf die Ableitungskurve. Der x-Wert des Wendepunktes ist damit $x \approx 4,33$.

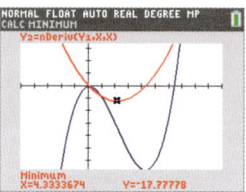

Den y-Wert bestimmst du mit ^{2nd} [CALC] $\rightarrow$ value. Um das Ergebnis einzugeben, kannst du ^{2nd} [ANS] benutzen. Der Wendepunkt liegt also bei etwa W $(4,33 \mid -50,91)$.

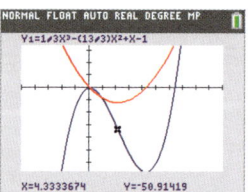

5.4 Integrale – Flächenberechnung

a) Zuerst gibst du die Funktion im Funktioneneditor ein. Dann rufst du mit ^{2nd} [CALC] $\rightarrow \int f(x)\,dx$ im Grafikfenster die Integralberechnung auf. Die Grenzen der gesuchten Fläche sind in der Aufgabenstellung angegeben und können direkt eingegeben werden.

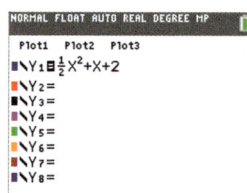

Als untere Grenze gibst du $x = -3$ ein, als obere Grenze wählst du $x = 0$. (Die y-Achse hat die Gleichung $x = 0$.)
Die gesuchte Fläche zwischen dem Graphen, der Geraden $x = -3$ und der y-Achse beträgt also 6 FE.

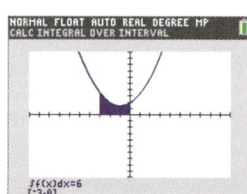

b) Zuerst gibst du die Funktion im Funktioneneditor ein. Im nächsten Schritt bestimmst du die Schnittpunkte des zugehörigen Graphen mit der x-Achse, d.h. die Nullstellen, mit ^{2nd} [CALC] $\rightarrow$ zero.

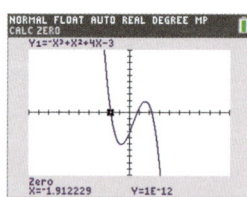

Die Ergebnisse speicherst du als Variablen, indem du das Grafikfenster mit ^{2nd} [QUIT] verlässt und [STO $\Rightarrow$] und ^{A} [A] benutzt. Mit den anderen Nullstellen verfährst du entsprechend.

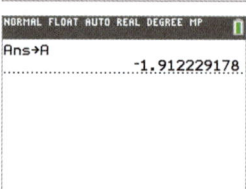

Nun kannst du die beiden Teilflächen bestimmen, indem du die Variablen A und B bzw. B und C als Grenzen benutzt und mit $^A[A]$, $^A[B]$ und $^A[C]$ einfügst. Die Ergebnisse der Flächenberechnungen speicherst du als D und E.

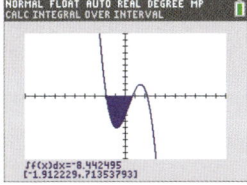

Nach der zweiten Flächenberechnung verlässt du das Grafikfenster mit $^{2nd}[QUIT]$ und addierst die Inhalte der beiden Teilflächen. Da die erste Fläche ein negatives Vorzeichen hat, änderst du das Vorzeichen, wie du es rechts siehst. Die Gesamtfläche beträgt also ca. $10,28\,FE$.

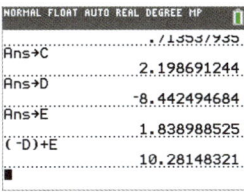

c) Zuerst gibst du die Funktionen im Funktioneneditor ein. Dann bestimmst du die Schnittpunkte mit $^{2nd}[CALC] \rightarrow$ intersect und speicherst diese als Variablen, z.B. A und B.

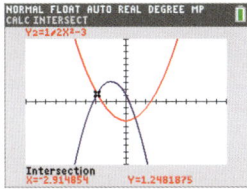

Nun gibst du die Differenzfunktion ein. Die Funktionen Y1 und Y2 fügst du mit $[VARS] \rightarrow$ Y-VARS $\rightarrow$ Function ein. Die beiden oberen Funktionen blendest du der Übersichtlichkeit halber aus, indem du auf das Gleichheitszeichen gehst und $[ENTER]$ drückst.

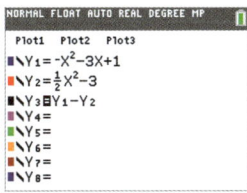

Mit $^{2nd}[CALC] \rightarrow \int f(x)\,dx$, der unteren Grenze $^A[A]$ und der oberen Grenze $^A[B]$ bestimmst du nun die Fläche, welche vom Graphen der Differenzfunktion und der x-Achse (also gerade zwischen den Nullstellen der Differenzfunktion) eingeschlossen wird.

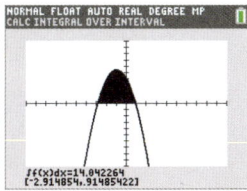

Die Fläche, die von den beiden Graphen eingeschlossen wird, beträgt daher näherungsweise $14,04\,FE$.

5.5 Stammfunktionen zeichnen

a) Zuerst gibst du die Funktion $f(x)$ im Funktioneneditor ein. Nun gibst du bei Y2 den Integrationsbefehl ein mit $[MATH] \rightarrow$ fnInt und anschließend $[VARS] \rightarrow$ Y-VARS $\rightarrow$ Function $\rightarrow$ Y1 bzw. mit $^A[F4]$. Die untere Grenze ist 0, für die obere Grenze gibst du $[X]$ ein.

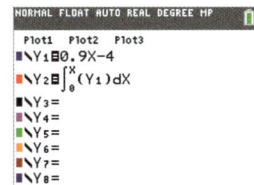

Im Grafikfenster wird nun der Graph zu $f(x)$ und der zugehörigen Stammfunktion mit F(0) = 0 gezeichnet.

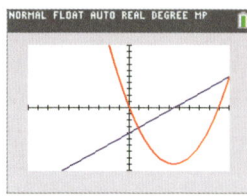

b) Zuerst gibst du die Funktion $f(x)$ im Funktioneneditor ein. Nun gibst du bei Y2 den Integrationsbefehl ein mit [MATH] → fnInt und anschließend [VARS] → Y-VARS → Function → Y1. Die untere Grenze ist 0, für die obere Grenze gibst du [X] ein.

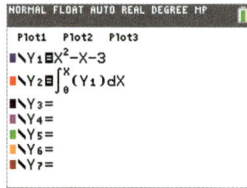

Im Grafikfenster wird nun der Graph der zugehörigen Stammfunktion mit F(0) = 0 gezeichnet.

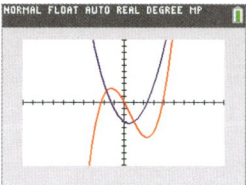

5.6 Kurvenscharen

Du kannst die Kurvenscharen mit allen der angegebenen Methoden lösen, hier angegeben ist der Lösungsweg mit Hilfe von geschweiften Klammern.

a) Du gibst die Funktionenschar im Funktioneneditor ein; an der Stelle des Parameters t gibst du die gewünschten Werte durch [,] getrennt in geschweiften Klammern ^{2nd}[{] und ^{2nd}[}] ein.

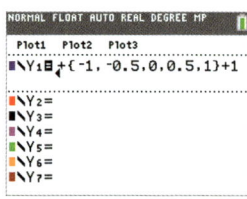

Anschließend kannst du die Kurven über [GRAPH] zeichnen lassen. Dabei werden die einzelnen Kurven in der Reihenfolge gezeichnet, wie sie in die geschweiften Klammern eingetragen wurden.

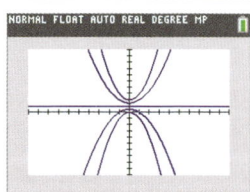

b) Du gibst die Funktionenschar im Funktioneneditor ein; an der Stelle des Parameters a gibst du die gewünschten Werte durch [,] getrennt in geschweiften Klammern ^{2nd}[{] und ^{2nd}[}] ein.

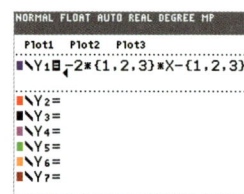

Notiz-Rand

Anschließend kannst du die Kurve über [GRAPH] zeichnen lassen. Dabei werden die einzelnen Kurven in der Reihenfolge gezeichnet, wie sie in die geschweiften Klammern eingetragen wurden.

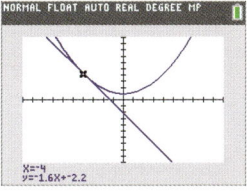

5.7 Tangenten

a) Du gibst die Funktion im Funktioneneditor ein und lässt den Graphen mit [GRAPH] zeichnen. Nun rufst du mit ^{2nd}[DRAW] → Tangent den Tangentenbefehl auf und gibst $x = -4$ ein. Die Tangentengleichung lautet damit $y = -1,6x - 2,2$.

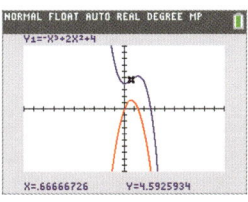

b) Du gibst die Funktion im Funktioneneditor ein und bestimmst zuerst den Wendepunkt mit Hilfe der Ableitungskurve, wie auf Seite 50 beschrieben. Es ist $W(0,67 \mid 4,60)$.

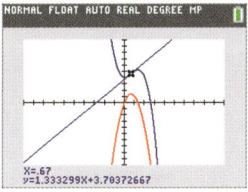

Nun rufst du mit ^{2nd}[DRAW] → Tangent(den Tangentenbefehl auf und gibst $x = 0,67$ oder ^{2nd}[Ans] ein. Die Tangentengleichung lautet damit (näherungsweise) $y = 1,33x + 3,70$.

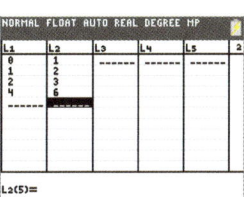

5.8 Regression

a) Du gibst die x- und y-Werte der Punkte in zwei Listen über [STAT] → Edit ein.
Nun rufst du mit [STAT] → Calc → LinReg die lineare Regression auf und bestätigst (mehrmals) mit [ENTER].

Die Gleichung der Regressionsgerade wird nun angezeigt. Sie hat die (genäherte) Geradengleichung $y = 1,26x + 0,8$.

b) Die Listeneinträge müssen nicht neu eingetragen werden. Mit $[\text{STAT}] \to \text{Calc} \to \text{QuadReg}$ rufst du die quadratische Regression auf. Die (genäherte) Gleichung der quadratischen Regressionsfunktion ist damit $f(x) = 0,11x^2 + 0,79x + 1,03$

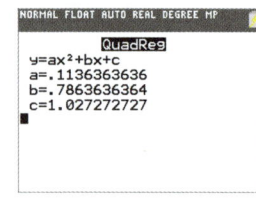

c) Die Listeneinträge müssen nicht neu eingetragen werden. Mit $[\text{STAT}] \to \text{Calc} \to \text{ExpReg}$ rufst du die exponentielle Regression auf. Die (genäherte) Gleichung der exponentiellen Regressionsfunktion ist damit $f(x) = 1,15 \cdot 1,54^x$.

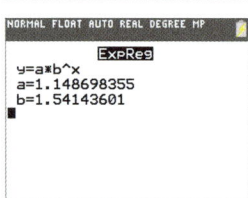

Um diese Funktion in eine e-Funktion umzuwandeln, benutzt du die Formel $b^x = e^{\ln b \cdot x}$. Es ist also $f(x) = 1,15 \cdot e^{\ln 1,54 \cdot x} \approx 1,15 \cdot e^{0,4318 \cdot x}$.

Notiz-Rand

6 Matrizen

- Um eine Matrix einzugeben, benutzt du die Tasten ^{2nd}[MATRIX] → EDIT → [A]. Anschließend kannst du mit dieser Matrix rechnen, indem du sie mit ^{2nd}[MATRIX] → [A] aufrufst.

```
NORMAL FLOAT AUTO REAL RADIAN MP
NAMES MATH EDIT
1:[A]
2:[B]
3:[C]
4:[D]
5:[E]
6:[F]
7:[G]
8:[H]
9↓[I]
```

- Die Rechenbefehle für Matrizen rufst du auf mit: ^{2nd}[MATRIX] → MATH.

Beispiel

Es soll das Produkt der beiden Matrizen $A = \begin{pmatrix} 2 & 0 & 1 \\ 1 & 1 & 3 \\ 5 & 2 & 0 \end{pmatrix}$ und $B = \begin{pmatrix} 1 & 0 & 1 \\ 0 & 2 & 4 \\ 0 & 1 & 1 \end{pmatrix}$ berechnet werden.

Mit ^{2nd}[MATRIX] → EDIT → [A] wechselst du in den Eingabemodus und gibst oben rechts 3×3 ein, da es sich um eine Matrix mit 3 Zeilen und 3 Spalten handelt. Nun werden alle Werte eingegeben; jede Eingabe wird mit [ENTER] abgeschlossen. Den Eingabemodus verlässt du mit ^{2nd}[QUIT].

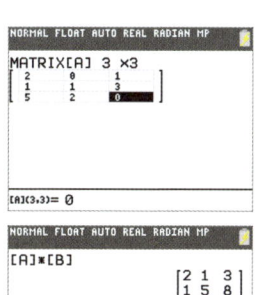

Für die zweite Matrix gehst du analog vor. Nachdem beide Matrizen eingegeben sind, fügst du die beiden Matrizen mit ^{2nd}[MATRIX] → [A] und ^{2nd}[MATRIX] → [B] in die Rechnung ein und berechnest das Produkt.

```
NORMAL FLOAT AUTO REAL RADIAN MP
[A]*[B]
            [2  1  3 ]
            [1  5  8 ]
            [5  4  13]
```

- Um eine Matrix mit einem Vektor zu multiplizieren, gibst du den Vektor als einspaltige Matrix ein. Dazu gibst du am Anfang der Eingabe 3×1 für eine Matrix mit drei Zeilen und einer Spalte ein.

- Um die inverse Matrix zu berechnen, benutzt du die Taste $[x^{-1}]$.

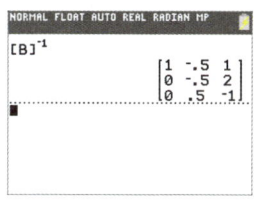

- Willst du die Einträge einer Matrix in Dezimaldarstellung in Brüche umwandeln, reicht dazu die Eingabe von [MATH] → Frac. Dies ist vor allem bei längeren Dezimalausdrücken sehr hilfreich.

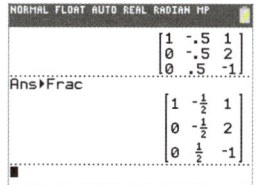

Übungen

a) Berechne das Produkt aus $A = \begin{pmatrix} 1 & 1 \\ 0 & 1 \end{pmatrix}$ und $B = \begin{pmatrix} 1 & 2 \\ 3 & 4 \end{pmatrix}$.

b) Berechne das Produkt aus $A = \begin{pmatrix} 1 & 0 & 1 \\ 0 & 1 & 3 \\ 0 & 2 & 2 \end{pmatrix}$ und $B = \begin{pmatrix} 1 & 0 & 1 \\ 1 & 2 & 0 \\ 2 & 0 & 1 \end{pmatrix}$.

c) Berechne die inverse Matrix zu $A = \begin{pmatrix} 1 & 1 \\ 0 & 1 \end{pmatrix}$.

Lösungen

a) Du definierst die beiden 2×2 Matrizen $[A]$ und $[B]$ mit $^{2nd}[\text{MATRIX}] \to \text{EDIT} \to [A]$ bzw. $^{2nd}[\text{MATRIX}] \to \text{EDIT} \to [B]$. Nun führst du die Multiplikation aus, indem du die beiden Matrizen mit $^{2nd}[\text{MATRIX}] \to [A]$ und $^{2nd}[\text{MATRIX}] \to [B]$ aufrufst.

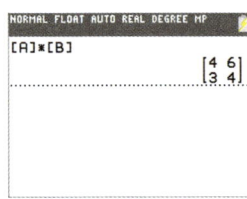

b) Du definierst die beiden 3×3 Matrizen $[A]$ und $[B]$ mit $^{2nd}[\text{MATRIX}] \to \text{EDIT} \to [A]$ bzw. $^{2nd}[\text{MATRIX}] \to \text{EDIT} \to [B]$. Nun führst du die Multiplikation aus, indem du die beiden Matrizen mit $^{2nd}[\text{MATRIX}] \to [A]$ und $^{2nd}[\text{MATRIX}] \to [B]$ aufrufst.

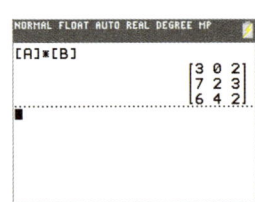

c) Du definierst die 2×2 Matrix $[A]$ mit $^{2nd}[\text{MATRIX}] \to \text{EDIT} \to [A]$ und berechnest die Inverse A^{-1} mit $^{2nd}[\text{MATRIX}] \to [A]$ und $[x^{-1}]$.

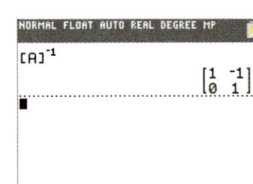

7 Die Binomialverteilung

7.1 Binomialverteilung und kumulierte Binomialverteilung

- Der GTR kann mit verschiedenen statistischen Verteilungsfunktionen arbeiten. Diese findet man unter ^{2nd}[DISTR]. Eventuell musst du mit [▼] nach unten scrollen.

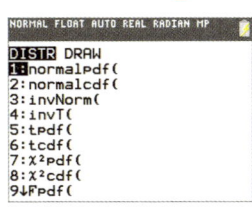

- Im Folgenden ist n die Anzahl der Versuche, p die Trefferwahrscheinlichkeit eines jeden Bernoulli-Versuchs und k die Anzahl der Treffer.

Die wichtigsten Verteilungsfunktionen sind:

- Die Binomialverteilung $P(X = k) = \binom{n}{k} \cdot p^k \cdot (1 - p)^{n-k}$ wird erzeugt mit binompdf(n, p, k)

- Die kumulierte Binomialverteilung $P(X \leqslant k) = F_{n;p}(k)$ wird erzeugt mit binomcdf(n, p, k)

- Die Eingabe erfolgt nach dem Schema binompdf(n, p, k) bzw. binomcdf(n, p, k), d.h. die Reihenfolge der Eingabeparameter ist «Länge der Bernoullikette, Trefferwahrscheinlichkeit, Anzahl der Treffer». Falls unter [MODE] der sog. «Stat Wizard» aktiviert ist, werden die Werte eingegeben, wie in den Beispielen gezeigt.

Beispiel 1

Eine Münze wird fünf mal geworfen. Wie hoch ist die Wahrscheinlichkeit, dass dabei *genau* zwei Mal «Zahl» geworfen wird?

Es handelt sich um eine Bernoullikette mit Länge n = 5. Die Wahrscheinlichkeit für «Zahl» ist $p = \frac{1}{2}$. Also gilt für die Wahrscheinlichkeit, *genau* zwei Mal «Zahl» zu werfen:

$$P(X = 2) = \binom{5}{2} \cdot \left(\frac{1}{2}\right)^2 \cdot \left(1 - \frac{1}{2}\right)^{5-2}$$

Beim Aufrufen der Binomialverteilung mit ^{2nd}[DISTR] → binompdf (öffnet sich – je nach Einstellung – das rechts angezeigte Fenster, dabei wird der Wert von n bei trials eingegeben, der Wert von p bei p und der Wert von k bei x value. Du schließt die Eingabe mit [ENTER] ab.

Nun wird die Eingabe so angezeigt, wie rechts dargestellt. Wenn der «Stat Wizard» nicht aktiviert ist, gibst du direkt ein:
^{2nd}[DISTR] → binompdf (5, 0.5, 2)
Die Wahrscheinlichkeit beträgt damit 31,25 %.

Beispiel 2

Eine Münze wird fünf mal geworfen. Wie hoch ist die Wahrscheinlichkeit, dass dabei *höchstens* zwei mal «Zahl» geworfen wird?

Es handelt sich um eine Bernoullikette mit Länge n = 5, die Wahrscheinlichkeit für «Zahl» ist $p = \frac{1}{2}$. Also gilt für die Wahrscheinlichkeit, *höchstens* zwei Mal Zahl zu werfen:

$$P(X \leqslant 2) = F_{5;\frac{1}{2}}(2)$$

Beim Aufrufen der kumulierten Binomialverteilung mit ^{2nd}[DISTR] → binomcdf (öffnet sich – je nach Einstellung – das rechts angezeigte Fenster. Dabei wird der Wert von n bei trials eingegeben, der Wert von p bei p und der Wert von k bei x value. Du schließt die Eingabe mit [ENTER] ab.

Nun wird die Eingabe so angezeigt, wie rechts dargestellt. Wenn der «Stat Wizard» nicht aktiviert ist, gibst du direkt ein:
^{2nd}[DISTR] → binomcdf (5, 0.5, 2)
Die Wahrscheinlichkeit beträgt damit 50 %.

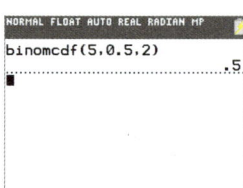

Übungen

a) Ein Würfel wird 7 mal geworfen. Wie hoch ist die Wahrscheinlichkeit, dass dabei genau 4 mal eine gerade Zahl geworfen wird?

b) Ein Würfel wird 7 mal geworfen. Wie hoch ist die Wahrscheinlichkeit, dass dabei höchstens 4 mal eine gerade Zahl geworfen wird?

7.2 Berechnung von Kettenlänge und Trefferwahrscheinlichkeit

Beispiel 1 (Kettenlänge n gesucht)

Wie viele Versuche muss ein Teilnehmer beim Dosenwerfen mindestens machen, damit er mit einer Wahrscheinlichkeit von 90 % mindestens 25 Treffer hat. Seine Trefferwahrscheinlichkeit p sei 70 %. Es gilt

$$P(X \geqslant 25) \geqslant 0,9$$

Es folgt:

$$1 - P(X \leqslant 24) \geqslant 0,9 \Leftrightarrow P(X \leqslant 24) \leqslant 0,1$$

bzw. als Funktion geschrieben

$$\text{binomcdf}(n, 0.70, 24) \leqslant 0,1$$

Die Ungleichung lässt sich mit dem GTR nicht mit Hilfe des Grafikfensters lösen, da die Funktion binomcdf nur für ganzzahlige Werte von n definiert ist.

Notiz-Rand

Eine Möglichkeit ist, die Wertetabelle der Funktion anzeigen zu lassen. Dafür wird die Funktion zuerst bei Y1 eingegeben.
Die kumulierte Binomialverteilung *binomcdf* wird dabei mit ^{2nd}[DISTR] → binomcdf(eingefügt.

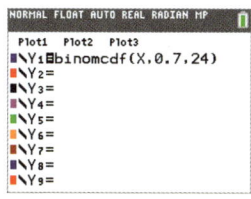

Beim Eingeben der Binomialverteilung öffnet sich das rechts angezeigte Fenster, wenn der «Stat Wizard» aktiviert ist. Da der Wert von n gesucht ist, wird bei trials [X] eingegeben.

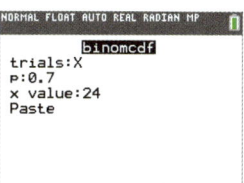

Wenn du mit ^{2nd}TABLE die Wertetabelle aufrufst, siehst du, dass die Werte anfangs alle sehr groß sind. Du musst also einen höheren Startwert wählen, oder mit [▼] nach unten scrollen.

Rechts siehst du jetzt, dass der Wert von $0,1$ für $n = 41$ unterschritten wurde. Es sind also 41 Würfe nötig.

Beispiel 2 (Trefferwahrscheinlichkeit p gesucht)

Welchen Wert muss die Trefferwahrscheinlichkeit p haben, um bei 30 Versuchen mit 90%iger Sicherheit mindestens 25 Treffer zu haben? Es ist $n = 30$, $k = 25$, p ist gesucht und man verwendet die kumulierte Binomialverteilung:

$$P(X \geqslant 25) = 0,9$$

Auch hier arbeitet man mit der Gegenwahrscheinlichkeit

$$1 - P(X \leqslant 24) = 0,9 \Leftrightarrow P(X \leqslant 24) = 0,1$$

bzw. als Funktion geschrieben:

$$binomcdf(30, p, 24) = 0,1$$

Um die Ungleichung zu lösen, werden beide Seiten der Ungleichung im Grafikeditor eingegeben. Die kumulierte Binomialverteilung binomcdf wird dabei mit ^{2nd}[DISTR] → binomcdf(eingefügt.

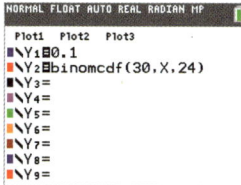

Beim Eingeben der Binomialverteilung öffnet sich das rechts angezeigte Fenster, wenn der «Stat Wizard» aktiviert ist. Dabei wird der Wert von n bei trials eingegeben, der Wert von k bei x value. Da p gesucht ist, wird bei p «X» eingegeben.

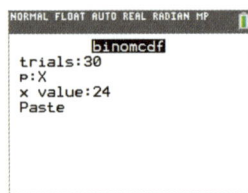

Auch das Grafikfenster muss mit [WINDOW] entsprechend angepasst werden. Überlege dazu, dass die Werte von x und y zwischen 0 und 1 liegen müssen, da es sich um Wahrscheinlichkeiten handelt.

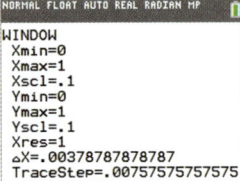

Nun können die Graphen der beiden Funktionen gezeichnet werden.

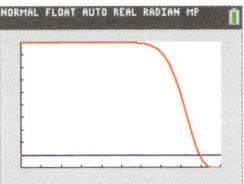

Nach der Eingabe von ^{2nd} [CALC] $\rightarrow$ intersect bestätigst du die beiden Graphen mit 2 mal [ENTER].
Bevor du Guess bestätigst, plazierst du den Cursor nahe am Schnittpunkt. Der Wert von p muss also $p = 0,89$ betragen.

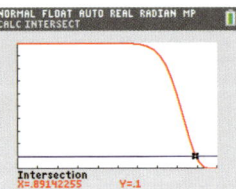

Übungen

a) Die Trefferwahrscheinlichkeit p des Teilnehmers am Dosenwerfen aus Beispiel 1 sei nun $p = 0,5$. (Mindestens 25 Treffer mit einer Wahrscheinlichkeit von 90%.) Wie viele Versuche muss er nun machen?

b) Welchen Wert muss die Trefferwahrscheinlichkeit p des Teilnehmers haben, wenn es ihm reicht, bei 30 Versuchen mit 90%iger Sicherheit mindestens 20 Treffer zu landen?

Lösungen

7.1 Binomialverteilung und kumulierte Binomialverteilung

a) Es handelt sich um eine Bernoullikette mit Länge $n = 7$, die Wahrscheinlichkeit für eine gerade Zahl ist $p = \frac{1}{2}$. Also gilt für die Wahrscheinlichkeit, *genau* vier Mal eine gerade Zahl zu werfen:
$P(X = 4) = \binom{7}{4} \cdot \left(\frac{1}{2}\right)^4 \cdot \left(1 - \frac{1}{2}\right)^{7-4}$

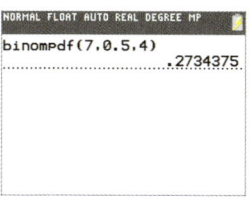

Daher gibst du ein: $^{2nd}\,[\text{DISTR}] \rightarrow$ binompdf $(7, 0.5, 4)$. Die gesuchte Wahrscheinlichkeit beträgt damit etwa 27%.

b) Es handelt sich um eine Bernoullikette mit Länge $n = 7$, die Wahrscheinlichkeit für eine gerade Zahl ist $p = \frac{1}{2}$. Also gilt für die Wahrscheinlichkeit, *höchstens* vier Mal eine gerade Zahl zu werfen: $P(X \leqslant 4) = F_{7;\,\frac{1}{2}}(4)$.

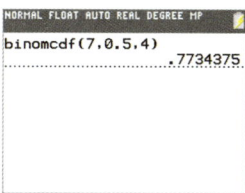

Daher gibst du ein: $^{2nd}\,[\text{DISTR}] \rightarrow$ binomcdf $(7, 0.5, 4)$. Die gesuchte Wahrscheinlichkeit beträgt damit etwa 77%.

7.2 Berechnung von Kettenlänge und Trefferwahrscheinlichkeit

a) Die Trefferwahrscheinlichkeit p sei $p = 0,5$. Also ist wie bei Beispiel 1

$$P(X \geqslant 25) = 1 - P(X \leqslant 24) \geqslant 0,9 \Leftrightarrow P(X \leqslant 24) \leqslant 0,1$$

In den GTR muss nun binomcdf$(n, 0.5, 24)$ eingegeben werden.

Um die Ungleichung zu lösen, werden beide Seiten der Ungleichung im Grafikeditor eingegeben. Die kumulierte Binomialverteilung *binomcdf* wird dabei mit $^{2nd}\,[\text{DISTR}] \rightarrow$ binomcdf(eingefügt.

Beim Eingeben der Binomialverteilung öffnet sich das rechts angezeigte Fenster. Da der Wert von n gesucht ist, wird bei trials $[\text{X}]$ eingegeben.

Wenn du mit $^{2nd}\text{TABLE}$ die Wertetabelle aufrufst, siehst du, dass die Werte anfangs alle sehr groß sind. Du musst also mit $[\blacktriangledown]$ nach unten scrollen.

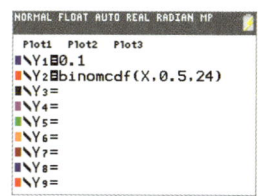

Rechts siehst du jetzt, dass der Wert von $0,1$ für $n = 59$ unterschritten wurde. Es sind also 59 Würfe nötig.

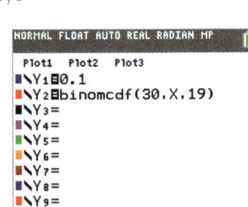

b) Es reicht dem Werfer, mit 90%iger Sicherheit mindestens 20 Treffer zu haben. Es ist $n = 30$, also gilt:

$$P(X \geqslant 20) = 0,9$$

Mit der Gegenwahrscheinlichkeit gilt:

$$1 - P(X \leqslant 19) = 0,9 \Leftrightarrow P(X \leqslant 19) = 0,1$$

bzw. als Funktion geschrieben:

$$\text{binomcdf}(30, p, 19) = 0,1$$

Um die Ungleichung zu lösen, werden beide Seiten der Ungleichung im Grafikeditor eingegeben. Die kumulierte Binomialverteilung binomcdf wird dabei mit ^{2nd} [DISTR] $\rightarrow$ binomcdf(eingefügt.

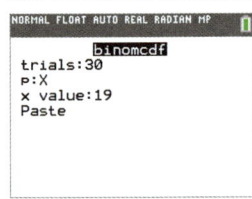

Beim Eingeben der Binomialverteilung öffnet sich das rechts angezeigte Fenster, wenn der «Stat Wizard» aktiviert ist. Dabei wird der Wert von n bei trials eingegeben, der Wert von k bei x value.

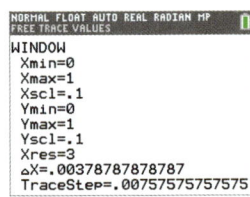

Das Grafikfenster wird mit [WINDOW] entsprechend angepasst, wenn du den Wert von Xres auf «3» setzt, wird die Kurve schneller gezeichnet.

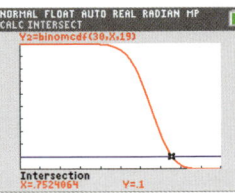

Nun können die Graphen gezeichnet und dann der Schnittpunkt bestimmt werden. Nach der Eingabe von ^{2nd} [CALC] $\rightarrow$ intersect bestätigst du 2 mal mit [ENTER].
Bevor du Guess bestätigst, plazierst du den Cursor nahe am Schnittpunkt. Der Wert von p muss also mindestens $p = 0,75$ betragen.

Notiz-Rand

8 Komplexe Aufgaben lösen mit dem GTR

Die folgenden Aufgaben sind komplexer und im Stil von Abituraufgaben gestellt, daher auch der Wechsel in der Aufgabenstellung vom «du» zum «Sie». Anhand dieser Aufgaben kannst du die Strategien erarbeiten, die nötig sind, um solche Aufgaben mit Hilfe des GTR zu lösen.

Bei einigen Aufgaben ist zuerst der «klassische» Weg beschrieben, d.h. das schrittweise Lösen der Aufgabe. Im Anschluss wird gezeigt, dass mit dem GTR diese Aufgaben in wenigen Schritten gelöst werden können. Am Rand befinden sich Verweise auf die Seiten im Buch, auf denen die jeweilige Methode ausführlich erklärt wird.

Die Eingaben in den GTR sind zwecks besserer Lesbarkeit grau hinterlegt.

8.1 Medikament

Durch die Funktion

$$f(t) = 40t \cdot e^{-0,5t}; \ t \geqslant 0$$

wird die Konzentration eines Medikaments im Blut eines Patienten beschrieben. Dabei wird t in Stunden seit der Einnahme und $f(t)$ in $\frac{mg}{l}$ gemessen.

a) Skizzieren Sie den zeitlichen Verlauf der Konzentration.
   Nach welcher Zeit erreicht die Konzentration ihren höchsten Wert?
   Wie groß ist dieser höchste Wert?
   Das Medikament ist nur wirksam, wenn seine Konzentration im Blut mindestens $8 \frac{mg}{l}$ beträgt.
   Berechnen Sie den Zeitraum, in dem das Medikament wirksam ist.

b) Zu welchem Zeitpunkt wird das Medikament am stärksten abgebaut?
   Wie groß ist zum Zeitpunkt $t = 4$ die momentane Änderungsrate der Konzentration?
   Ab diesem Zeitpunkt wird die Konzentration des Medikaments nun näherungsweise durch die Tangente an den Graph von $f(t)$ an der Stelle $t = 4$ beschrieben.
   Bestimmen Sie damit den Zeitpunkt, zu dem das Medikament vollständig abgebaut ist.

c) Das Medikament wird nun in seiner Zusammensetzung verändert, seine Konzentration im Blut wird durch die Funktion $g(t) = at \cdot e^{-bt}$ mit $a > 0$ und $b > 0$ beschrieben.
   Dabei wird t in Stunden seit der Einnahme und $g(t)$ in $\frac{mg}{l}$ gemessen.
   Bestimmen Sie die Konstanten a und b so, dass die Konzentration vier Stunden nach der Einnahme ihren größten Wert mit $20 \frac{mg}{l}$ erreicht.

Lösungen – Medikament

a) Es ist $f(t) = 40t \cdot e^{-0.5t}$; $t \geq 0$.

→ Seite 29

Der Graph der Funktion f hat in dem Bereich, der für die Aufgabe relevant ist, folgenden Verlauf:

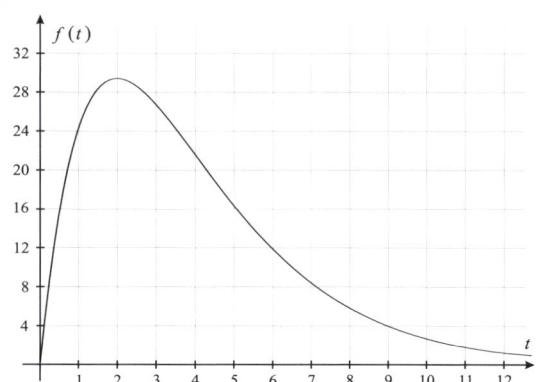

Zuerst gibst du die Funktion im Funktioneneditor in der ersten Zeile Y1 = ein. Um die Variable t einzugeben, benutzt du $[X, T, \Theta, n]$.
Die Eingabe des Funktionsterms wird mit [ENTER] abgeschlossen.

Nun wechselst du ins Grafikfenster. Der Graph liegt zu weit «oben», mit [TRACE] kannst du dir Funktionswerte anzeigen lassen.

Der Bildschirmausschnitt wird entsprechend mit [WINDOW] angepasst.

Nun ist der relevante Teil des Graphen mit dem Hochpunkt sichtbar.

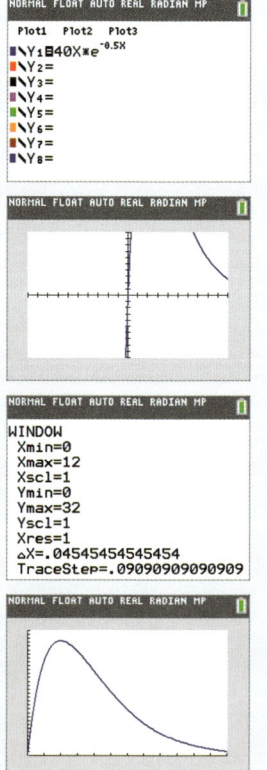

→ Seite 47

Das Maximum von $f(t)$ erhältst du mit dem GTR: $t = 2$ und $f(2) \approx 29,43$.
Nach zwei Stunden wird also die maximale Konzentration von $29,43 \frac{mg}{l}$ erreicht.

Notiz-Rand

Im Grafikfenster wird das Maximum mit von ^{2nd}[CALC] → maximum berechnet (linke und rechte Grenze, sowie einen Schätzwert vorher eingeben).

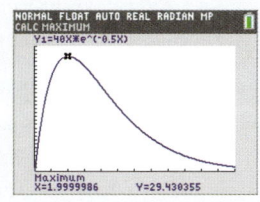

Das Medikament ist wirksam, wenn die Konzentration größer ist als $8\,\frac{mg}{l}$. Um den Anfangs- und Endzeitpunkt zu bestimmen, musst du den Graphen von $f(t)$ mit der Geraden $y = 8$ schneiden. Die Ergebnisse dieser Schnittpunktbestimmung sind: $t_1 \approx 0,22$ und $t_2 \approx 7,15$. Damit ist:

$$t_2 - t_1 = 6,93$$

Die Länge des Wirksamkeitszeitraums beträgt somit etwa 7 Stunden.

→ Seite 38

Zuerst gibst du die Funktion $y = 8$ im Grafikeditor in der zweiten Zeile ein und wechselst ins Graphikfenster.

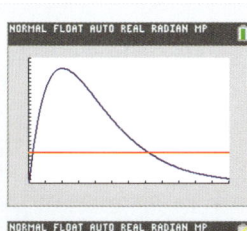

Nach der Eingabe von ^{2nd}[CALC] → intersect bestätigst du die beiden Graphen mit 2 mal[ENTER]. Bevor du Guess bestätigst, plazierst du den Cursor nahe an einem der beiden Schnittpunkte.

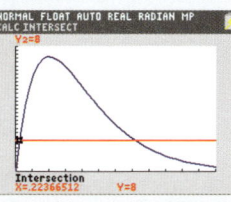

Um die zweite Schnittstelle anzeigen zu lassen, wiederholst du das Verfahren, plazierst aber den Cursor in der Nähe des zweiten Schnittpunkts, oder gibst bei Guess einen Wert ein, der nahe am zweiten Schnittpunkt liegt.

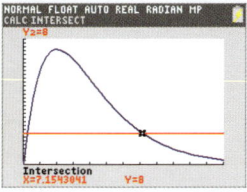

b) Um den Zeitpunkt, an dem das Medikament am stärksten abgebaut wird, zu erhalten, gibt es verschiedene Wege:

Man kann mit Hilfe der Produktregel die Ableitung $f'(t)$ berechnen:

$$f'(t) = 40e^{-0,5t} + 40t \cdot e^{-0,5t} \cdot (-0,5) = (40 - 20t)e^{-0,5t}$$

Das Minimum von $f'(t)$ erhält man mit dem GTR: $t = 4$.

Genau 4 Stunden nach Einnahme des Medikaments wird es am stärksten abgebaut.

Die momentane Änderungsrate zum Zeitpunkt $t = 4$ erhält man mit $f'(t)$ oder mit dem GTR:

$$f'(4) = (40 - 20 \cdot 4)e^{-0,5 \cdot 4} = -40e^{-2} = -\frac{40}{e^2} \approx -5,41.$$

→ Seite 50

Nach 4 Stunden beträgt die momentane Änderungsrate also etwa $-5,4\,\frac{mg}{l}$.

Mit Hilfe des GTR kann diese Berechnung komplett durchgeführt werden:

Tipp

Mit dem GTR kann diese Berechnung komplett durchgeführt werden

Du gibst bei Y2 den Ableitungsbefehl ein: [MATH] → nDeriv und [X] wie auf dem Screenshot zu sehen. Die Funktion Y1 wird mit oder mit ^{A}[F4] aufgerufen.*

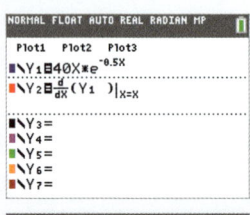

Es ist sinnvoll, zuerst noch die y-Werte des Fensters anzupassen, z.B auf Ymin $= -10$.

Du wählst nun: ^{2nd}[CALC] → minimum.

Mit [▼] wechselst du auf die Ableitungsfunktion und gibst die Grenzen und den Schätzwert ein.

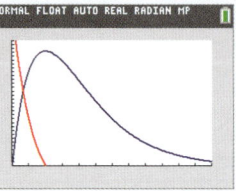

Der rechts angezeigte Wert ist nicht der y-Wert des Wendepunktes, sondern der Funktionswert der Ableitung und damit der Wert der Wachstumsrate.

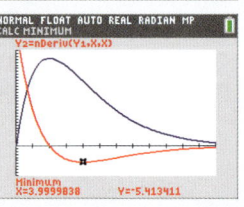

→ Seite 56

Um die Gleichung der Tangente t^* an den Graph von $f(t)$ an der Stelle $t_1 = 4$ zu erhalten, setzt du $t_1 = 4$, $y_1 = f(4) = 160e^{-2}$ und $m = f'(4) = -40e^{-2}$ in die Punkt-Steigungsform $y - y_1 = m(t - t_1)$ ein:

$$y - 160e^{-2} = -40e^{-2} \cdot (t - 4) \Rightarrow y = -40e^{-2}t + 320e^{-2}$$

Schneidet man die Tangente mit der x-Achse, so erhält man:

$$0 = -40e^{-2}t + 320e^{-2} = e^{-2}(320 - 40t) \Rightarrow 320 - 40t = 0 \Rightarrow t = 8$$

Nach 8 Stunden ist das Medikament also vollständig abgebaut.

Mit dem GTR geht das Ganze direkt, ohne dass eine Tangentenformel benötigt wird:

Tipp

Mit dem GTR kann diese Berechnung komplett durchgeführt werden

Du rufst im Grafikfenster mit ^{2nd}[DRAW] → Tangent die Tangentenfunktion auf. (Y2 vorher ausblenden)

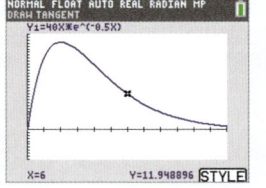

---

*Bei älteren Betriebssystemversionen und beim TI-83 Plus gibst du ein: nDeriv(Y1, X, X). Die Eingabereihenfolge ist:«Abzuleitende Funktion, Ableitungsvariable, Wert für den die Ableitung gebildet werden soll». Da die Ableitung für «alle X» gesucht ist, wird zum Schluss «X» eingegeben.

Nun gibst du den gewünschten x-Wert ein und bestätigst mit [ENTER].
Die gesuchte Tangente wird angezeigt und hat die Geradengleichung $y = -5,41x + 43,31$.

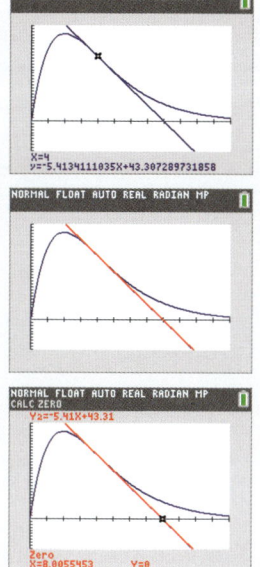

Um die Nullstellen der Tangente zu berechnen, muss diese erst im Funktioneneditor als Funktion eingegeben werden.

Die Eingabe von ^{2nd}[CALC] → zero führt dann zur Nullstellenberechnung.

c) Es ist $g(t) = at \cdot e^{-bt}$; $a > 0$, $b > 0$.

Die Ableitung $g'(t)$ erhältst du mit der Produkt- und Kettenregel:

$$g'(t) = a \cdot e^{-bt} + at \cdot e^{-bt} \cdot (-b) = (a - abt) \cdot e^{-bt}$$

Damit die Konzentration $g(t)$ nach 4 Stunden ihren größten Wert von $20\,\frac{mg}{l}$ annimmt, müssen folgende Bedingungen gelten:

$$\begin{aligned} g(4) &= 20 \\ g'(4) &= 0 \end{aligned}$$

Als Gleichungssystem geschrieben bedeutet das:

$$\begin{aligned} \text{I} \quad 4a \cdot e^{-4b} &= 20 \\ \text{II} \quad (a - 4ab) \cdot e^{-4b} &= 0 \end{aligned}$$

Betrachtet man Gleichung II, so ergibt sich (da der zweite Faktor nicht gleich Null sein kann):

$$a - 4ab = 0$$

Ausklammern führt zu:

$$a(1 - 4b) = 0$$

Wegen $a > 0$ folgt:

$$1 - 4b = 0 \Rightarrow b = \frac{1}{4}$$

Setzt man $b = \frac{1}{4}$ in Gleichung I ein, so ergibt sich:

$$4a \cdot e^{-4 \cdot 0,25} = 20 \Rightarrow 4a \cdot e^{-1} = 20 \Rightarrow a = 5e \approx 13,59$$

Die Konzentration erreicht also 4 Stunden nach der Einnahme ihren größten Wert von $20\,\frac{mg}{l}$, wenn $a = 5e$ und $b = \frac{1}{4}$ gewählt werden. Die Funktion $g(t)$ lautet dann:

$$g(t) = 5e \cdot t \cdot e^{-\frac{1}{4}t} = 5te^{1-\frac{1}{4}t}$$

Hinweis

Es handelt sich nicht um ein lineares Gleichungssystem, daher kann man es nicht mit dem GTR lösen.

Notiz-Rand

8.2 Mountainbikes

Eine kleine Firma stellt Mountainbikes her. Bei einer Monatsproduktion von x Mountainbikes entstehen Fixkosten in Höhe von 5000 Euro und variable Kosten $V(x)$ (in Euro), die durch folgende Tabelle modellhaft gegeben sind:

x	0	2	6	10
$V(x)$	0	306	954	1650

a) Bestimmen Sie die Funktionsgleichung der ganzrationalen Funktion 2. Grades $V(x)$ sowie der monatlichen Herstellungskosten H in Abhängigkeit von x.

b) Skizzieren Sie den Graph von $H(x)$ für $0 \leqslant x \leqslant 200$ in ein geeignetes Koordinatensystem. Bei welcher Produktionszahl sind die variablen Kosten fünfmal so hoch wie die Fixkosten?

c) Alle monatlich produzierten Mountainbikes werden zu einem Preis von 450 Euro pro Stück an einen Händler verkauft.
Geben Sie den monatlichen Gewinn G in Abhängigkeit von x an und skizzieren Sie den Graph der Gewinnfunktion G in das vorhandene Koordinatensystem.
Bei welchen Produktionszahlen macht die Firma Gewinn?
Wie hoch ist der maximale Gewinn pro Monat?

d) Durch große Konkurrenz auf dem Markt muss die Firma den Preis pro Mountainbike senken.
Um wie viel Prozent vom ursprünglich erzielten Preis ist dies höchstens möglich, wenn pro Monat 90 Mountainbikes produziert werden und der Gewinn mindestens 2000 Euro betragen soll?

Lösungen – Mountainbike

a) Da die variablen Kosten V durch eine ganzrationale Funktion 2. Grades beschrieben werden sollen, gilt für V der Ansatz: $V(x) = ax^2 + bx + c$. Aus den gegebenen Daten erhältst du die folgenden Gleichungen:

$$\begin{array}{rcl} \text{I} \quad V(0) &=& 0 \\ \text{II} \quad V(2) &=& 306 \\ \text{III} \quad V(6) &=& 954 \\ \text{IV} \quad V(10) &=& 1650 \end{array}$$

bzw. für drei gesuchte Variablen das folgende lineare Gleichungssystem:

$$\begin{array}{rcccccl} \text{I} & a \cdot 0^2 &+& b \cdot 0 &+& c &=& 0 \\ \text{II} & a \cdot 2^2 &+& b \cdot 2 &+& c &=& 306 \\ \text{III} & a \cdot 6^2 &+& b \cdot 6 &+& c &=& 954 \end{array}$$

Die Lösung für c kannst du direkt ablesen: $c = 0$. Damit vereinfacht sich das Gleichungssystem:

$$\begin{array}{rcccl} \text{II} & 4a &+& 2b &=& 306 \\ \text{III} & 36a &+& 6b &=& 954 \end{array}$$

Das Gleichungssystem löst du anschließend mit dem GTR. Es ist $a = 1,5$; $b = 150$ (und $c = 0$).

→ Seite 23

Es ist auch die letzte Tabellenangabe $V(10) = 100a + 10b = 1650$ für diese Werte von a und b erfüllt. Somit werden die variablen Kosten V beschrieben durch:

$$V(x) = 1,5x^2 + 150x$$

Zuerst musst du das Gleichungssystem als Matrix eingeben. Dazu wählst du $^{2nd}[\text{MATRIX}] \rightarrow \text{EDIT} \rightarrow A \rightarrow [\text{ENTER}]$
Um das Gleichungssystem zu lösen benötigst du eine 2×3-Matrix.

Anschließend gibst du die Koeffizienten der Matrix ein.
Um die Matrix umzuformen, kehrst du zuerst mit $^{2nd}[\text{QUIT}]$ zum Rechenfenster zurück.

Nun gibst du ein: $^{2nd}[\text{MATRIX}] \rightarrow \text{MATH} \rightarrow \text{rref}$ und anschließend $^{2nd}[\text{MATRIX}] \rightarrow [A]$ um die Matrix A aufzurufen.
Du schließt mit) und [ENTER] ab.

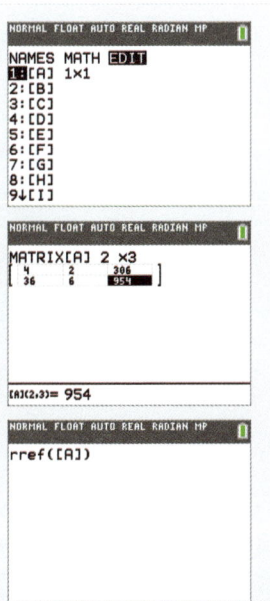

Das Ergebnis sollte so aussehen, wie rechts abgebildet. Dort steht $1 \cdot x_1 = 1,5$ und $1 \cdot x_2 = 150$.

```
NORMAL FLOAT AUTO REAL RADIAN MP
rref([A])
                          [1 0 1.5]
                          [0 1 150]
```

Die monatlichen Herstellungskosten H setzen sich aus den Fixkosten und den variablen
Kosten V zusammen:
$$H(x) = 5000 + V(x) = 1,5x^2 + 150x + 5000$$

b) Der Graph der Funktion $H(x)$ hat in dem Bereich, der für die Aufgabe relevant ist, folgenden Verlauf:

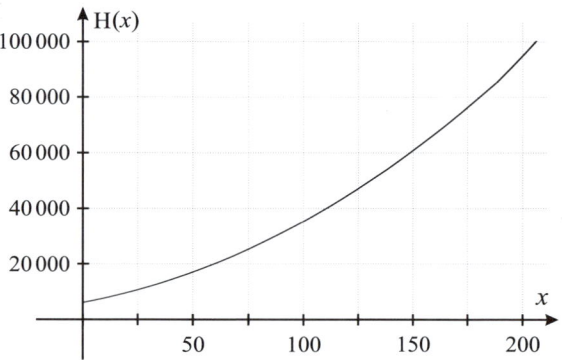

→ Seite 29

Um den Graph von H in ein Koordinatensystem zu skizzieren, benutzt du den GTR.

Zuerst gibst du die Funktion im Funktioneneditor
in der ersten Zeile $Y1 =$ ein.

```
NORMAL FLOAT AUTO REAL RADIAN MP
 Plot1   Plot2   Plot3
■\Y1■1.5X²+150X+5000
■\Y2=
■\Y3=
■\Y4=
■\Y5=
■\Y6=
■\Y7=
■\Y8=
```

Nun wechselst du ins Grafikfenster. Der Graph
liegt zu weit «oben», mit $[\text{TRACE}]$ kannst du dir
Funktionswerte anzeigen lassen.

```
NORMAL FLOAT AUTO REAL RADIAN MP
Y1=1.5X²+150X+5000




X=0                  Y=5000
```

Der Bildschirmausschnitt wird entsprechend mit
$[\text{WINDOW}]$ angepasst.

```
NORMAL FLOAT AUTO REAL RADIAN MP
WINDOW
 Xmin=0
 Xmax=200
 Xscl=20
 Ymin=0
 Ymax=100000
 Yscl=10000
 Xres=1
 △X=.75757575757576
 TraceStep=1.5151515151515
```

Notíz-Rand

Nun ist der relevante Teil des Graphen sichtbar.

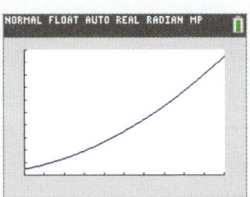

Wenn die variablen Kosten V(x) fünfmal so hoch wie die Fixkosten (5000 Euro) sein sollen, muss gelten: V$(x) = 25000$ bzw.

$$1,5x^2 + 150x = 25\,000$$

Diese Gleichung kannst du mit dem GTR lösen. Als Lösungen erhältst du $x_1 = 88,44$ und $x_2 = -188,44$.

Also sind bei einer Produktion von 89 Mountainbikes die variablen Kosten fünfmal so hoch wie die Fixkosten.

➞ Seite 38

Zuerst gibst du die beiden Funktion V(x) und $y = 25\,000$ im Funktioneneditor ein. (Y1 ausblenden) und wechselst ins Graphikfenster.

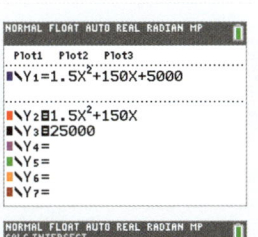

Nach der Eingabe von ^{2nd} [CALC] → intersect bestätigst du die beiden Graphen mit 2 mal [ENTER]. Bevor du Guess bestätigst, plazierst du den Cursor nahe am Schnittpunkt.

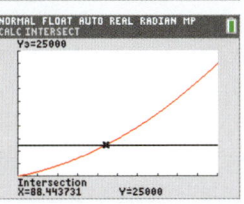

c) Den monatlichen Gewinn G erhältst du, indem du die Herstellungskosten H vom Erlös E subtrahierst. Da ein Mountainbike für 450 Euro an den Händler verkauft wird, gilt für den Erlös E bei x produzierten Mountainbikes: E$(x) = 450 \cdot x$ und damit

$$G(x) = E(x) - H(x) = 450x - (1,5x^2 + 150x + 5000) = -1,5x^2 + 300x - 5000$$

Die Firma macht Gewinn, wenn G(x) positiv ist, d.h. die Produktionszahlen zwischen den beiden Nullstellen von G liegen, da der Graph von G eine nach unten geöffnete Parabel ist. Die Nullstellen G$(x) = 0$ werden mit dem GTR berechnet, es ergeben sich die Lösungen $x_1 = 18,4$ und $x_2 = 181,6$.

➞ Seite 36

Die Firma macht also Gewinn, wenn mehr als 18 und weniger als 182 Mountainbikes hergestellt werden.

Zuerst gibst du die Funktion G im Funktioneneditor ein. (Y1, Y2 und Y3 ausblenden) und wechselst
ins Graphikfenster

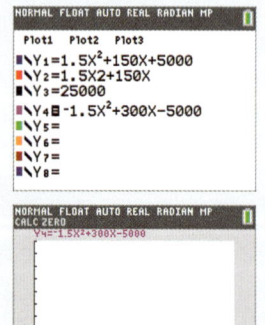

Nach der Eingabe von ^{2nd} [CALC] $\rightarrow$ zero gibst
du eine linke und eine rechte Grenze, sowie einen
Schätzwert ein und startest die Nullstellenberechnung mit [ENTER].

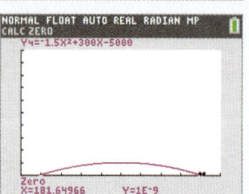

Die zweite Nullstelle berechnest du nach dem gleichen Verfahren, nur dass du den Schätzwert in der
Nähe der zweiten Nullstelle plazierst.

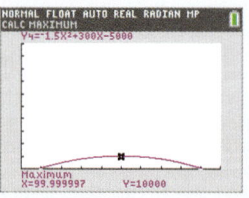

Den maximalen Gewinn erhält man durch Berechnung des Maximums von G mit Hilfe
des GTR: Für $x = 100$ ist $G(x)$ maximal und es gilt: $G(100) = 10\,000$.

$\longrightarrow$ Seite 47

Bei einer Produktion von 100 Mountainbikes pro Monat beträgt der maximale Gewinn damit also 10 000 €.

Die Funktion G ist bereits eingegeben. Um das
Maximum zu bestimmen wählst du ^{2nd} [CALC] $\rightarrow$
maximum gibst du eine linke und eine rechte Grenze, sowie einen Schätzwert ein und startest die Berechnung mit [ENTER].

d) Wenn pro Monat 90 Mountainbikes produziert werden, betragen die Herstellungskosten

$$H(90) = 1,5 \cdot 90^2 + 150 \cdot 90 + 5000 = 30\,650$$

Ist p der Preis für ein Mountainbike, so beträgt der Erlös $E = 90 \cdot p$.
Da der Gewinn mindestens 2000 € betragen soll, muss gelten:

$$90p - 30\,650 \geqslant 2000$$

bzw.

$$p \geqslant 362,78$$

Der Preis für ein Mountainbike kann also höchstens um $450 - 362,78 = 87,22$ € gesenkt
werden.
Um die prozentuale Preisreduzierung zu berechnen, teilt man $87,22$ durch 450:

$$\frac{87,22}{450} = 0,194 = 19,4\,\%$$

Also kann der ursprünglich erzielte Preis um höchstens 19,4 % gesenkt werden.

Notiz-Rand

8.3 Tannensetzling

Das Längenwachstum eines Tannensetzlings, der zu Beginn 0,3 m hoch ist, wird näherungsweise beschrieben durch die Funktion f mit

$$f(t) = 1,5 \cdot e^{-0,005(t-25)^2}$$

(t in Jahren, $f(t)$ in Meter pro Jahr).

a) Skizzieren Sie die Funktion für die ersten 60 Jahre.

b) Geben Sie den Zeitpunkt maximalen Längenwachstums an, berechnen Sie das durchschnittliche Längenwachstum pro Jahr in den ersten 30 Jahren sowie die Höhe einer 30-jährigen Tanne.

c) Nach welcher Zeit ist die Tanne 13 m hoch?

d) Die Tanne gilt als «ausgewachsen», wenn das jährliche Wachstum weniger als 0,2 m pro Jahr beträgt. Um wie viele Meter ist eine 60-jährige Tanne höher als eine ausgewachsene?

Notiz-Rand

→ Seite 29

Lösung – Tannensetzling

a) Es ist $f(t) = 1,5 \cdot e^{-0,005(t-25)^2}$.

Der Graph der Funktion f hat in dem Bereich, der für die Aufgabe relevant ist, folgenden Verlauf:

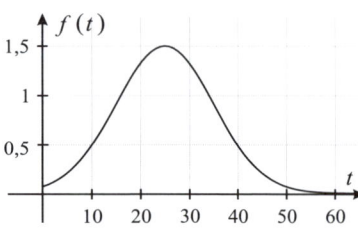

Zuerst gibst du die Funktion im Funktioneneditor in der ersten Zeile Y1 = ein.

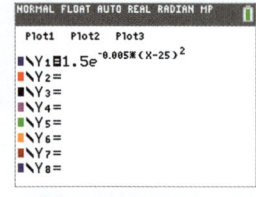

Tipp

Du kannst auch in der Wertetabellen-anwendung einige Funktionswerte an-zeigen lassen.

Nun wechselst du ins Grafikfenster. Der Graph ist relativ «flach», mit [TRACE] kannst du dir Funktionswerte anzeigen lassen.

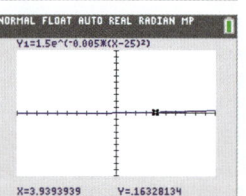

Der Bildschirmausschnitt wird entsprechend mit [WINDOW] angepasst.

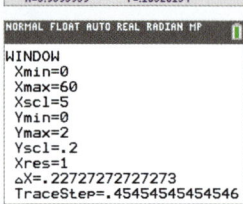

Nun ist der relevante Teil des Graphen mit dem Hochpunkt sichtbar.

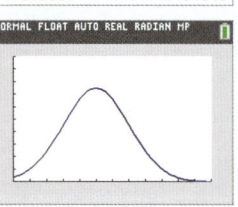

→ Seite 47

b) Das Maximum von f wird mit dem GTR bestimmt: $t = 25$.
Also ist im 25. Jahr das Längenwachstum maximal.

Die Funktion ist bereits eingegeben, also wählst du: ^{2nd} [CALC] $\rightarrow$ maximum, um das Maximum zu bestimmen (linke und rechte Grenze, sowie Schätzwert vorher eingeben).

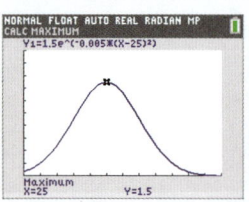

Das durchschnittliche Wachstum $\overline{m}$ in den ersten 30 Jahren erhält man, indem zuerst das Gesamtwachstum durch Integration bestimmt wird:

$$\int_0^{30} f(t)dt = \int_0^{30} 1,5 \cdot e^{-0,005(t-25)^2} dt \approx 25,77 \text{ (GTR)}$$

Nun wird dieser Wert durch die Anzahl der Jahre geteilt: $\overline{m} = \frac{25,77}{30} = 0,859$. Die Tanne wächst in den ersten 30 Jahren damit durchschnittlich ca. 0,86 m pro Jahr.

→ Seite 51

Du rufst die Integralberechnung im Grafikfenster mit ^{2nd} [CALC] → $\int$ f (x) dx auf. Nun gibst du die untere und obere Grenze als Zahl ein und schließt die Eingaben mit [ENTER] ab. Die Fläche wird nun unten im Grafikfenster angezeigt

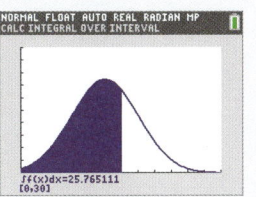

Die Höhe h der Tanne ist

$$h = 0,3 + \int_0^{30} f(t)dt \approx 26,07$$

Die Tanne ist nach 30 Jahren etwa 26,1 m hoch.

c) Um den Zeitpunkt T für die Höhe von 13 m zu bestimmen, muss gelten:

$$13 = 0,3 + \int_0^T f(t)dt \text{ bzw. } 12,7 = \int_0^T f(t)dt$$

Durch Lösen der Integralgleichung mit dem GTR erhält man T = 21.
Nach 21 Jahren ist die Tanne 13 m hoch.

→ Seite 20

Die Gleichung wird gelöst, indem die Nullstellen der folgenden Funktion bestimmt werden:

$$Y2 = \int_0^X f(Y1)dX - 12,7$$

(Y1 wird ausgeblendet, um das Grafikfenster übersichtlich zu halten.)

Dann gibst du bei Y2 den Integrationsbefehl ein mit [MATH] → fnInt und anschließend Y1 mit ^{A} [F4] über das Schnelltastenmenü. Die untere Grenze ist 0, für die obere Grenze gibst du [X] ein.*

Nun lässt du die Funktion mit [GRAPH] zeichnen, dafür wird Ymin noch angepasst. (Y1 wurde ausgeblendet.)

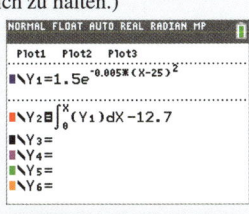

Notiz-Rand

---

*Bei älteren Betriebssystemversionen und beim TI-83 Plus gibst du ein: fnInt(Y1, X, 0, X). Die Eingabereihenfolge ist: «Zu integrierende Funktion, Integrationsvariable, untere Grenze, obere Grenze».

Um die Nullstelle zu bestimmen wählst du ^{2nd}[CALC] → zero gibst du eine linke und eine rechte Grenze, sowie einen Schätzwert ein und startest die Nullstellenberechnung mit [ENTER].

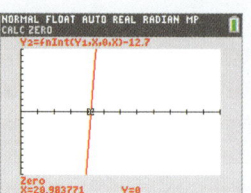

→ Seite 38

d) Um den Zeitpunkt zu bestimmen, an dem die Tanne ausgewachsen ist, schneidest du den Graph von f mit der Geraden $y = 0,2$. Mit dem GTR ergibt sich $t \approx 45$.

Du blendest Y1 wieder ein, gibst $y = 0,2$ im Funktioneneditor ein und wechselst ins Grafikfenster.

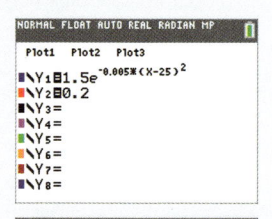

Nach der Eingabe von ^{2nd}[CALC] → intersect bestätigst du die beiden Graphen mit 2 mal[ENTER]. Bevor du Guess bestätigst, plazierst du den Cursor nahe am rechten Schnittpunkt.

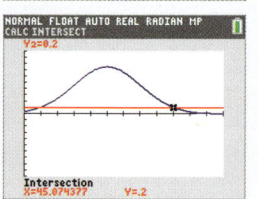

Die Höhe einer 45-jährigen Tanne beträgt $h_1 = 0,3 + \int_0^{45} f(t)dt \approx 36,81$ (GTR).

Die Höhe einer 60-jährigen Tanne beträgt $h_2 = 0,3 + \int_0^{60} f(t)dt \approx 37,66$ (GTR).

Die Differenz beträgt $0,85$.

Alternativ kannst du die Differenz auch durch folgendes Integral berechnen:

$$\int_{45}^{60} f(t)dt \approx 0,85$$

→ Seite 51

Also ist eine 60-jährige Tanne ca. $0,85$ m höher als eine ausgewachsene Tanne.

Zuerst deaktivierst du Y2 im Funktioneneditor. Mit ^{2nd}[CALC] → ∫ f(x) dx rufst du den Integralbefehl auf, gibst die beiden Grenzen ein und schließt die Eingaben mit [ENTER] ab.

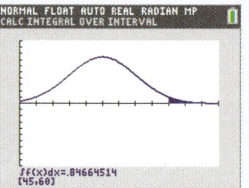

8.4 Matrizen – Fertighäuser

Eine Firma bietet Fertighäuser an. Diese werden aus Fertigteilen zusammengebaut. Zur Produktion dieser Fertigteile werden die Ausgangsstoffe Holz (A_1), Isoliermaterial (A_2), Verbindungselemente (A_3) und Gipskartonplatten (A_4) benötigt.

Es gibt drei verschiedene Wandelemente, die für ein Haus verwendet werden: W_1, W_2 und W_3.
Die folgende Tabelle gibt an, wie viel Tonnen der Ausgangsstoffe für die Herstellung von je einer Tonne der verschiedenen Wandelemente benötigt werden:

	W_1	W_2	W_3
A_1	0,5	0,7	0,6
A_2	0,4	0,1	0,2
A_3	0,1	0,1	0,1
A_4	0,1	0,1	0,1

Die Firma bietet drei verschiedene Haustypen an: H_1, H_2 und H_3. Das Haus H_1 hat eine Masse von 80 Tonnen, das Haus H_2 eine Masse von 120 Tonnen und das Haus H_3 eine Masse von 160 Tonnen.

In der folgenden Tabelle ist dargestellt, wie viele Tonnen der Wandelemente für die drei verschiedenen Häuser benötigt wird:

	H_1	H_2	H_3
W_1	60	60	80
W_2	10	40	60
W_3	10	20	20

a) Zeichnen Sie ein Verflechtungsdiagramm, das die Produktion der Fertighäuser beschreibt.

b) Wie viele Tonnen der einzelnen Ausgangsstoffe werden für ein Haus H_1 verarbeitet?

c) Im Lager befinden sich noch 460 Tonnen A_1, 224 Tonnen A_2 und 80 Tonnen A_3. Wie viel Tonnen Wandelemente können mit diesen Ausgangsstoffen hergestellt werden, wenn sie dafür komplett aufgebraucht werden sollen? Wie viele Tonnen A_4 sind dafür nötig?

Lösungen Fertighäuser

a) Aus den beiden Tabellen ergibt sich folgendes Verflechtungsdiagramm:

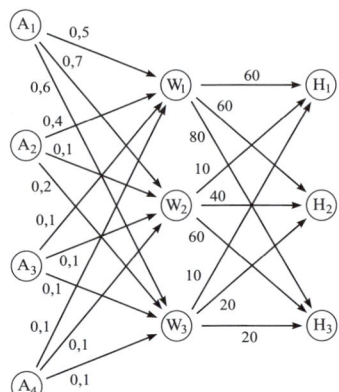

b) Die Verflechtungsmatrix A für den Prozess von Ausgangsstoffen zu Fertigteilen hat folgende Form:

$$A = \begin{pmatrix} 0,5 & 0,7 & 0,6 \\ 0,4 & 0,1 & 0,2 \\ 0,1 & 0,1 & 0,1 \\ 0,1 & 0,1 & 0,1 \end{pmatrix}$$

Die Verflechtungsmatrix B für den Prozess von den Fertigteilen zu den Häusern hat folgende Form:

$$B = \begin{pmatrix} 60 & 60 & 80 \\ 10 & 40 & 60 \\ 10 & 20 & 20 \end{pmatrix}$$

→ Seite 65

Die Matrix C für den Prozess von Ausgangsstoffen zu Häusern erhältst du durch Matrizenmultiplikation mit dem GTR:

$$C = A \cdot B = \begin{pmatrix} 0,5 & 0,7 & 0,6 \\ 0,4 & 0,1 & 0,2 \\ 0,1 & 0,1 & 0,1 \\ 0,1 & 0,1 & 0,1 \end{pmatrix} \cdot \begin{pmatrix} 60 & 60 & 80 \\ 10 & 40 & 60 \\ 10 & 20 & 20 \end{pmatrix} = \begin{pmatrix} 43 & 70 & 94 \\ 27 & 32 & 42 \\ 8 & 12 & 16 \\ 8 & 12 & 16 \end{pmatrix}$$

Mit ^{2nd} [MATRIX] → EDIT → [A] wechselst du in den Eingabemodus und gibst oben rechts 4×3 ein. Nun werden alle Werte eingegeben; jede Eingabe wird mit [ENTER] abgeschlossen. Den Eingabemodus verlässt du mit ^{2nd} [QUIT].

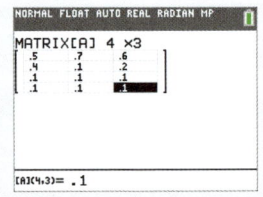

Für die zweite Matrix gehst du analog vor. Nach-dem beide Matrizen eingegeben sind, fügst du die beiden Matrizen mit ^{2nd}[MATRIX] → [A] und ^{2nd}[MATRIX] → [B] in die Rechnung ein und be-rechnest das Produkt.

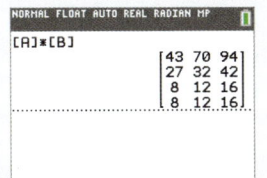

Die Werte für H_1 können direkt in der linken Spalte abgelesen werden. Es werden also 43 Tonnen A_1, 27 Tonnen A_2, 8 Tonnen A_3 und 8 Tonnen A_4 benötigt.

Du kannst diese Zahlen auch berechnen, indem du die Matrix C mit dem Outputvektor

$\begin{pmatrix} 1 \\ 0 \\ 0 \end{pmatrix}$ multipliziert. Dieser bezeichnet die Produktion von einem Haus H_1 und keinen

Häusern H_2 und H_3. Es ergibt sich folgender Inputvektor:

$$\begin{pmatrix} 43 & 70 & 94 \\ 27 & 32 & 42 \\ 8 & 12 & 16 \\ 8 & 12 & 16 \end{pmatrix} \cdot \begin{pmatrix} 1 \\ 0 \\ 0 \end{pmatrix} = \begin{pmatrix} 43 \\ 27 \\ 8 \\ 8 \end{pmatrix}$$

→ Seite 65

Mit ^{2nd}[MATRIX] → EDIT → [A] wechselst du in den Eingabemodus und gibst oben rechts 4×3 ein. Nun werden alle Werte eingegeben; jede Ein-gabe wird mit [ENTER] abgeschlossen. Den Ein-gabemodus verlässt du mit ^{2nd}[QUIT].

Der Vektor wird als 3×1-Matrix eingegeben. Den Eingabemodus verlässt du mit ^{2nd}[QUIT].

Nachdem beide Matrizen eingegeben sind, fügst du die beiden Matrizen mit ^{2nd}[MATRIX] → [A] und ^{2nd}[MATRIX] → [B] in die Rechnung ein und berechnest das Produkt.

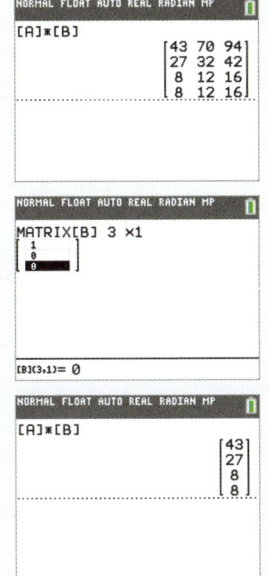

c) Um zu berechnen, wie viele Wandelemente aus den vorhandenen Rohstoffen hergestellt werden können, setzt du den Outputvektor mit $\begin{pmatrix} a \\ b \\ c \end{pmatrix}$ an.

Es muss nun gelten:

$$\begin{pmatrix} 0,5 & 0,7 & 0,6 \\ 0,4 & 0,1 & 0,2 \\ 0,1 & 0,1 & 0,1 \\ 0,1 & 0,1 & 0,1 \end{pmatrix} \cdot \begin{pmatrix} a \\ b \\ c \end{pmatrix} = \begin{pmatrix} 460 \\ 224 \\ 80 \\ A_4 \end{pmatrix}$$

Diesem Produkt entspricht das folgende Gleichungssystem:

$$\begin{array}{rcrcrcl} 0,5a & + & 0,7b & + & 0,6c & = & 460 \\ 0,4a & + & 0,1b & + & 0,2c & = & 224 \\ 0,1a & + & 0,1b & + & 0,1c & = & 80 \\ 0,1a & + & 0,1b & + & 0,1c & = & A_4 \end{array}$$

Mit Hilfe des GTR können nun aus den ersten drei Gleichungen die drei Unbekannten a, b und c bestimmt werden, indem das Gleichungssystem als Matrix geschrieben und mit dem Rref-Befehl gelöst wird:

$$\text{Rref} \begin{pmatrix} 0,5 & 0,7 & 0,6 & 460 \\ 0,4 & 0,1 & 0,2 & 224 \\ 0,1 & 0,1 & 0,1 & 80 \end{pmatrix} = \begin{pmatrix} 1 & 0 & 0 & 440 \\ 0 & 1 & 0 & 240 \\ 0 & 0 & 1 & 120 \end{pmatrix}$$

→ Seite 23

Es ergeben sich als Lösungen: $a = 440$, $b = 240$ und $c = 120$.

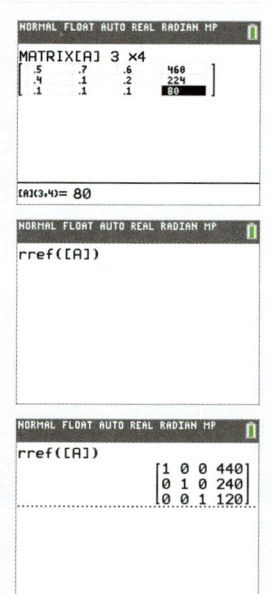

Mit ^{2nd}[MATRIX] → EDIT → [A] wechselst du in den Eingabemodus und gibst oben rechts 3×4 ein. Nun werden alle Werte eingegeben; jede Eingabe wird mit [ENTER] abgeschlossen. Den Eingabemodus verlässt du mit ^{2nd}[QUIT].

Nun gibst du ein: ^{2nd}[MATRIX] → MATH → rref und anschließend ^{2nd}[MATRIX] → [A] um die Matrix A aufzurufen.
Du schließt mit) und [ENTER] ab.

Das Ergebnis sollte so aussehen, wie rechts abgebildet. Dort steht nun $1 \cdot x_1 = 440$, $1 \cdot x_2 = 240$ und $1 \cdot x_3 = 120$.

Anschließend ermittelst du A_4, indem du die Werte von a, b und c in die 4. Gleichung einsetzt:

$$0,1 \cdot 440 + 0,1 \cdot 240 + 0,1 \cdot 120 = A_4 \Rightarrow A_4 = 80$$

Es lassen sich also 440 Tonnen Wandelemente W_1, 240 Tonnen W_2 und 120 Tonnen W_3 herstellen, wenn alle Ausgangsstoffe verbraucht werden sollen. Dazu werden noch 80 Tonnen A_4 benötigt.

Notiz-Rand

8.5 Kugelschreiber

Ein Hersteller von Kugelschreibern garantiert, dass höchstens 8,8% der hergestellten Kugelschreiber defekt sind.

a) Es werden 250 Kugelschreiber getestet. Wie groß dürfte die Angabe des Herstellers höchstens sein, wenn mit einer Wahrscheinlichkeit von höchstens 2% mehr als 20 Kugelschreiber defekt sein dürfen?

b) Mit einer Stichprobe von 200 Stück soll getestet werden, ob die Angabe des Herstellers stimmt.
   Bestimmen Sie für eine Irrtumswahrscheinlichkeit von 5% einen möglichst großen Ablehnungsbereich für die Hypothese: «Höchstens 8,8% der Kugelschreiber sind defekt».

Lösungen Kugelschreiber

a) Zur Bestimmung der gesuchten Wahrscheinlichkeit legst du die Zufallsvariable X fest, die die Anzahl defekter Kugelschreiber bei 250 getesteten Kugelschreibern beschreibt. X ist binomialverteilt mit den Parametern n = 250 und der Wahrscheinlichkeit p.
   Um p so zu bestimmen, dass mit einer Wahrscheinlichkeit von höchstens 2% mehr als 20 Kugelschreiber defekt sein dürfen, ist die folgende Ungleichung zu lösen:

$$P(X > 20) \leqslant 0,02$$
$$1 - P(X \leqslant 20) \leqslant 0,02$$
$$0,98 \leqslant P(X \leqslant 20)$$

Mit Hilfe des GTR und der Funktion binomcdf(250, X, 20) erhältst du: $p \leqslant 0,051$.
Somit dürfen höchstens 5,1% der hergestellten Kugelschreiber defekt sein.

→ Seite 69

Um die Ungleichung zu lösen, werden beide Seiten der Ungleichung im Grafikeditor eingegeben. Die kumulierte Binomialverteilung binomcdf wird dabei mit ^{2nd}[DISTR] → binomcdf(eingefügt.

Auch das Grafikfenster muss mit [WINDOW] entsprechend angepasst werden.

Nun werden die Funktionsgraphen gezeichnet. Nach der Eingabe von ^{2nd}[CALC] → intersect bestätigst du die beiden Graphen mit zwei mal [ENTER]. Bevor du Guess bestätigst, plazierst du den Cursor nahe am Schnittpunkt.

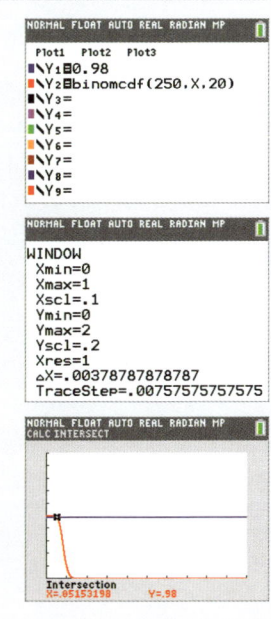

b) Zur Bestimmung des Ablehnungsbereichs legst du eine Zufallsvariable Y fest, die die Anzahl defekter Kugelschreiber bei 200 getesteten Kugelschreibern beschreibt. Y ist binomialverteilt mit den Parametern $n = 200$ und $p = 0,088$.

Die zu untersuchende Nullhypothese H_0 lautet: «Höchstens 8,8% der Kugelschreiber sind defekt», also $H_0: p \leqslant 0,088$. Die Alternativhypothese lautet: $H_1: p > 0,088$.

Wegen $H_1: p > 0,088$ handelt es sich um einen rechtsseitigen Test.

Man wird die Nullhypothese verwerfen, wenn man zu viele defekte Kugelschreiber in der Stichprobe findet. Deshalb ist ein minimales $k \in \mathbb{N}$ und damit ein Ablehnungsbereich $\overline{A} = \{k, ..., 200\}$ der Nullhypothese so zu bestimmen, dass gilt:

$$P(Y \in \overline{A}) \leqslant \alpha$$
$$P(Y \geqslant k) \leqslant 0,05$$
$$1 - P(Y \leqslant k - 1) \leqslant 0,05$$
$$0,95 \leqslant P(Y \leqslant k - 1)$$

Diese Gleichung kann man mit Hilfe des GTR lösen. Für $n = 200$ und $p = 0,088$ gilt:

$$0,95 \leqslant \text{binomcdf}(200, 0.088, \text{«Anzahl der Treffer»})$$

Als Lösung ergibt sich: $k - 1 = 24 \Rightarrow k = 25$ als minimales $k \in \mathbb{N}$ und man erhält damit den Ablehnungsbereich: $\overline{A} = \{25, ..., 200\}$.

Findet man unter den 200 untersuchten Kugelschreibern also mindestens 25 defekte, so wird die Nullhypothese verworfen. Man irrt sich dabei mit einer Wahrscheinlichkeit von höchstens 5%.

→ Seite 67

Um die Ungleichung zu lösen, berechnest du die Werte von binomcdf(200, 0.088, X) für verschiedene Trefferanzahlen berechnet. Dies geht am besten mit Hilfe einer Wertetabelle.

Die kumulierte Binomialverteilung wird dabei mit ^{2nd}[DISTR] $\rightarrow$ binomcdf(eingefügt.

Wenn du mit ^{2nd}[TABLE] die Wertetabelle aufrufst siehst du, dass für 24 der Wert von $0,95$ überschritten wird. Der Wert von k muss also $k = 25$ betragen.

8.6 Forschungslabor

Ein Forschungslabor entwickelt ein Medikament und testet es in einer klinischen Studie an 800 Patienten.

Das Medikament erhält keine Zulassung, wenn sich bei der Studie in mindestens 2% der Fälle gravierende Nebenwirkungen zeigen.

Bestimmen Sie für die Nullhypothese H_0: $p \geqslant 2\%$ die Entscheidungsregel für die Studie mit 800 Patienten mit einer Irrtumswahrscheinlichkeit von 1%.

Lösungen – Forschungslabor

Die Nullhypothese lautet: H_0: $p \geqslant 0,02$ für Treffer «Beim Patient treten gravierende Nebenwirkungen auf.» und $n = 800$.

Die zugehörige Alternativhypothese lautet H_1: $p < 0,02$.

Wegen H_1: $p < 0,02$ handelt es sich um einen linksseitigen Test mit $\alpha = 1\%$.

Man wird die Nullhypothese verwerfen, wenn bei der Studie bei zu wenigen Patienten gravierende Nebenwirkungen auftreten.

Ist X die Anzahl der Patienten mit gravierenden Nebenwirkungen unter den 800 Patienten, so ist ein maximales $k \in \mathbb{N}$ und damit ein Ablehnungsbereich $\overline{A} = \{0,...,k\}$ der Nullhypothese so zu bestimmen, dass gilt:

$$P(X \leqslant k) \leqslant 0,01$$

Für $n = 800$ und $p = 0,02$ erhält man mit Hilfe des GTR, indem man ausprobiert oder die Wertetabelle erstellt:

$$P(X \leqslant 7) \approx 0,009$$
$$P(X \leqslant 8) \approx 0,021$$

Also ist $k = 7$ das maximale $k \in \mathbb{N}$ und man erhält damit den Ablehnungsbereich:

$$\overline{A} = \{0,...,7\}$$

Damit kann das Medikament zugelassen werden, wenn bei der klinischen Studie bei höchstens 7 Patienten gravierende Nebenwirkungen auftreten.

Um die Ungleichung zu lösen, werden die Werte von binomcdf(800, 0.02, X) für verschiedene Werte von X berechnet. Dies geht am besten mit Hilfe einer Wertetabelle.

Die kumulierte Binomialverteilung wird dabei mit ^{2nd} [DISTR] → binomcdf(eingefügt.

Wenn du mit ^{2nd} [TABLE] die Wertetabelle aufrufst siehst du, dass für $X = 8$ der Wert von $0,02$ überschritten wird.

8.7 Busfahrt

Für eine Busfahrt wird ein doppelstöckiger Reisebus mit 90 Sitzplätzen verwendet. Erfahrungsgemäß treten 6% der erwarteten Passagiere, die schon ein Ticket gebucht haben, eine Busfahrt nicht an.

a) Mit welcher Wahrscheinlichkeit sind mehr als 85 Sitzplätze belegt, wenn 90 Tickets verkauft wurden?

b) Ein Reisebüro verkauft mehr Tickets als es Plätze in diesem Bus gibt.
Berechnen Sie, wie viele Tickets das Reisebüro höchstens verkaufen darf, wenn die Wahrscheinlichkeit, dass mehr als 90 Passagiere an der Busfahrt teilnehmen wollen, weniger als 10% betragen soll.

Lösungen Busfahrt

a) Da 6% der erwarteten Passagiere eine Busfahrt nicht antreten, beträgt die Wahrscheinlichkeit, dass ein erwarteter Passagier die Reise antritt, $p = 94\%$.
Man legt X als Zufallsvariable für die Anzahl der belegten Plätze fest. X ist eine binomialverteilte Zufallsvariable mit $n = 90$ und $p = 0,94$.

→ Seite 67

Die Wahrscheinlichkeit, dass mehr als 85 Sitzplätze belegt sind, erhält man mit Hilfe des GTR und der Gegenwahrscheinlichkeit:

$$P(X > 85) = 1 - P(X \leqslant 85) \approx 0,366 = 36,6\%$$

Um die kumulierte Binomialverteilung binomcdf zu berechnen wird diese mit $^{2nd}[\text{DISTR}] \rightarrow$ binomcdf(aufgerufen.

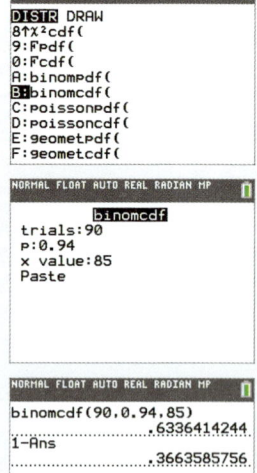

Beim Eingeben der Binomialverteilung öffnet sich das rechts angezeigte Fenster, dabei wird der Wert von n bei trials eingegeben, der Wert von p bei p und der Wert von k bei x value.

Du bestätigst mehrmals mit [ENTER]. Zum Schluss benutzt du $^{2nd}[\text{ANS}]$ um die gewünschte Wahrscheinlichkeit zu berechnen.

b) Man legt Y als Zufallsvariable für die Anzahl der tatsächlich erscheinenden Passagiere fest. Die Wahrscheinlichkeit, dass ein erwarteter Passagier die Reise antritt, beträgt 94%. Damit ist Y eine binomialverteilte Zufallsvariable mit $p = 0,94$.

Um zu bestimmen, wie viele Tickets das Reisebüro höchstens verkaufen darf, wenn die Wahrscheinlichkeit, dass mehr als 90 Passagiere an der Busfahrt teilnehmen wollen, weniger als 10% betragen soll, löst man folgende Ungleichung:

$$P(Y > 90) < 0,1$$
$$1 - P(Y \leqslant 90) < 0,1$$
$$0,9 < P(Y \leqslant 90)$$

Mit Hilfe des GTR erhält man z.B. mit Hilfe einer Wertetabelle:

$$n = 93: \quad P(X \leqslant 90) \approx 0,9228$$
$$n = 94: \quad P(X \leqslant 90) \approx 0,8223$$

Somit darf das Reisebüro höchstens 93 Tickets verkaufen.

→ Seite 68

Um die Werte zu berechnen, lässt man sich mit dem GTR eine Wertetabelle anzeigen. Die kumulierte Binomialverteilung binomcdf$(X, 0.94, 90)$ wird dabei mit ^{2nd}[DISTR] → binomcdf(eingefügt.

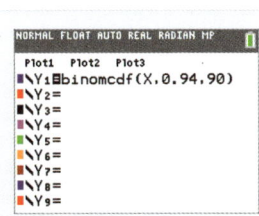

Beim Eingeben der Binomialverteilung öffnet sich das rechts angezeigte Fenster. Da der Wert von n gesucht ist, wird bei trials [X] eingegeben.

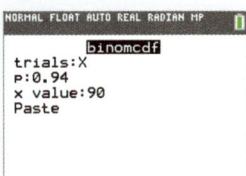

Da mindestens 90 Tickets verkauft werden sollen, setzt du den Startwert der Tabelle unter ^{2nd}[TBLSET] auf 90.

Rechts siehst du, dass der Wert von $0,9$ für $n = 94$ unterschritten wird.

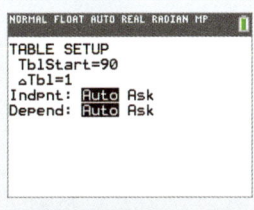

9 Einstellungen

In diesem Kapitel lernst du die wichtigsten Einstellungen des Geräts kennen. Nach jedem Reset ist das Gerät wieder auf Standardeinstellungen gesetzt.

9.1 Anzeigekontrast

Den Kontrast der Anzeige kannst du einstellen, indem du erst die [2nd]-Taste drückst und dann [▲] um die Anzeige dunkler zu stellen, bzw. [▼] um die Anzeige heller zu stellen.

9.2 Anzeige der Dezimalstellen

Der Rechner zeigt standardmäßig 10 Stellen hinter dem Komma an. Mit [MODE] gelangst du in das Mode-Menü. Dort kann in der dritten Zeile die Anzahl der Nachkommastellen geändert werden.

Die Standardeinstellung ist «Float», das bedeutet «Fließkomma». Rechts daneben kannst du die Anzahl der anzuzeigenden Kommastellen einstellen. Das Gerät rundet automatisch auf und ab, rechnet intern aber mit zehn Stellen weiter.

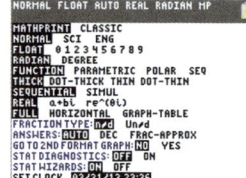

9.3 Winkelmaße

Es gibt zwei wichtige Winkelmaße: Gradmaß (Degree) und Bogenmaß (Radian).
Die Einstellung «Grad» wird für alle Dreiecks- und Winkelberechnungen in der Geometrie verwendet; das Bogenmaß hingegen meist für trigonometrische Funktionen. Die Einstellung kannst du im MODE-Menü ändern. Dabei steht «Degree» für die Gradeinstellung und «Radian» für das Bogenmaß.

Wichtig: Nach einem Reset ist das Gerät auf Bogenmaß (Radian) eingestellt. Wenn du Berechnungen in der Geometrie durchführen willst, musst du das Gerät vorher umstellen.

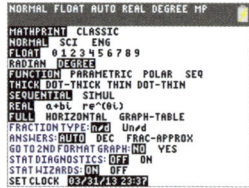

9.4 Zurücksetzen des Geräts

Wenn das Gerät Probleme macht und du nicht weiterkommst, hilft ein Reset oft weiter: ^{2nd} [MEM] → Reset → All RAM → Reset. Allerdings werden dabei auch installierte Programme gelöscht.

9.5 Spracheinstellungen

Je nach Firmwareversion kannst du die Sprache des Geräts einstellen. Dies geschieht mit der Taste [APPS]. Du wählst den Menüpunkt deutsch und dann mit den Tasten [1] und [2] die gewünschte Sprache. (Die deutsche Menüsprache ist nicht bei allen Geräten verfügbar.)